LA LOI DE L'ATTRACTION

Comment attirer, croire et réussir :
découvrir les secrets pour manifester vos
désirs et transformer votre vie

BOB POTIER

Table des matières

- Histoires de réussite d'individus ayant atteint la liberté financière grâce à cette approche

- L'évolution mondiale des opportunités commerciales
- Le monde rétrécit en raison des progrès technologiques
- Tirer parti des connexions et des affiliations à l'échelle mondiale pour générer des revenus

- Le concept d'affirmations comme outils pour façonner la conscience
- Affirmations puissantes liées à l'attraction de l'argent
- L'importance de la répétition pour la programmation subconsciente

- Votre voyage de revenus de 30 jours
- L'importance d'une action disciplinée et de la maîtrise de soi
- La convergence des engagements : attirer la richesse et l'abondance

Introduction

Bienvenue dans le voyage transformateur dans le domaine de la loi de l'attraction. Essentiellement, la loi de l'attraction est une force puissante qui gouverne l'univers, façonnant le cours de nos vies en fonction de l'énergie que nous émettons. Forgé comme une loi universelle, ce principe affirme que le semblable attire le semblable, ce qui suggère que les pensées et les intentions positives attirent des expériences positives dans nos vies, tandis que les pensées négatives attirent des résultats indésirables.

Au cœur de ce concept se trouve l'idée selon laquelle nos esprits sont des centres d'opération divine, capables de concrétiser nos désirs. La loi repose sur la conviction que nos pensées et nos sentiments créent une vibration énergétique qui résonne avec l'univers, influençant les événements et les circonstances qui se déroulent dans nos vies. Alors que nous nous lançons dans cette exploration, explorons les subtilités de l'utilisation de la loi de l'attraction pour manifester nos désirs les plus profonds et transformer notre réalité.

La loi de l'attraction se présente comme une force toute-puissante, capable de remodeler le tissu même de notre existence. Son véritable pouvoir réside dans la transformation profonde qu'il peut apporter à nos vies, transcendant les limites et ouvrant les portes de possibilités illimitées.

L'esprit comme centre divin : Au cœur de ce voyage transformateur se trouve la compréhension que nos esprits servent de centres d'opération divins. En alignant nos pensées et nos intentions sur les facultés supérieures de l'univers, nous puisons dans un don sacré qui nous propulsevers expansion et expression plus complète.

Création de nouvelles réalités : La loi de l'attraction nous propulse au-delà des limites de nos expériences passées, nous poussant à créer quelque chose d'entièrement nouveau. Ce processus créatif, né d'une séquence ordonnée de croissance, nous amène à produire des conditions qui surpassent tout ce qui a existé auparavant.

Loi de compensation : Au cœur du pouvoir transformateur de la loi se trouve la loi de compensation, un principe inflexible régissant nos revenus. Il stipule que nos revenus sont étroitement liés à la nécessité de ce que nous faisons, à notre capacité à le faire et à la difficulté de nous remplacer. En perfectionnant nos capacités et en nous améliorant continuellement, nous devenons les architectes de notre destinée financière.

Multiplication du temps via plusieurs sources : La loi de l'attraction nous permet de multiplier notre temps en établissant de multiples sources de revenus. Contrairement à l'approche conventionnelle consistant à échanger du temps contre de l'argent, cette stratégie, utilisée par l'élite de 1 %, permet à l'abondance financière de circuler en continu à partir de divers canaux, transcendant les limites d'une source de revenus unique.

Essentiellement, la loi de l'attraction devient un catalyseur d'une métamorphose qui change la vie. Il s'agit d'une force dynamique qui, lorsqu'elle est exploitée avec intention et concentration, catapulte les individus dans des domaines d'abondance, de créativité et d'épanouissement au-delà de leurs rêves les plus fous. En parcourant les paysages de cette loi cosmique, nous découvrons les clés pour ouvrir les portes d'une vie transformée.

L'importance de la croyance et de la manifestation

Le pouvoir de la croyance : Au cœur de la loi de l'attraction se trouve la force omnipotente de la croyance. Nos croyances ne sont pas de simples reflets de nos pensées ; ils sont les architectes de notre réalité. Comme l'a si bien dit Einstein, l'esprit intuitif est un don sacré, et la croyance est la force motrice qui propulse ce don en action.

Conscience consciente des vibrations : La croyance, par essence, est une conscience consciente des vibrations. C'est la reconnaissance du fait que nos pensées émettent des vibrations dans l'univers, créant une résonance qui attire des fréquences similaires. Lorsque nous croyons au caractère inévitable de nos désirs, nous déclenchons une vibration harmonieuse qui attire ces désirs vers nous.

La manifestation comme acte créatif :
La manifestation, résultat tangible de la croyance, est un acte créatif consistant à aligner notre monde interne sur la réalité externe que nous recherchons. Grâce à une croyance inébranlable, nous imprimons nos désirs sur la toile de l'univers, leur donnant vie avec une clarté éclatante.

Affirmations en tant que catalyseurs :
Les affirmations répétées avec conviction agissent comme des catalyseurs de croyance et de manifestation. En affirmant nos désirs au présent, nous envoyons un message puissant au subconscient, le reprogrammant pour accepter la réalité que nous souhaitons créer.

Le subconscient comme terreau fertile : L'esprit subconscient, souvent comparé à un jardin fertile, réagit aux graines de croyance que nous y plantons. Nourries de pensées positives et d'une foi inébranlable, ces graines germent dans le jardin luxuriant de la manifestation, portant les fruits de nos désirs.

Dans la grande tapisserie de la Loi de l'Attraction, la croyance et la manifestation sont des fils complexement tissés qui façonnent le paysage de nos vies. En embrassant le pouvoir de la croyance, associé à la manifestation intentionnelle, nous ouvrons les portes d'une réalité où les frontières entre les rêves et la réalité se fondent en une unité transparente.

Chapitre 1:

Comprendre la loi de l'attraction

Les origines et l'histoire de la loi de l'attraction

Dans la danse cosmique de l'existence, la loi de l'attraction apparaît comme un principe intemporel qui transcende les cultures, les âges et les croyances. Bien que cela puisse ressembler à une révélation contemporaine, les racines de cette loi profonde remontent aux annales de la sagesse ancienne et aux enseignements mystiques.

Sagesse ancestrale

Les fils de la loi de l'attraction sont intimement tissés dans le tissu des philosophies anciennes. Les Vedas, les textes sacrés les plus anciens de l'hindouisme, font allusion au pouvoir des pensées de façonner la réalité. Dans les enseignements du Bouddha, l'importance des états mentaux dans la création de la destinée d'une personne devient évidente. De même, la Tablette d'Émeraude, un texte hermétique fondateur, résume l'essence de « Comme en haut, ainsi en bas », soulignant l'unité du microcosme et du macrocosme.

Hermétisme et Alchimie

La loi de l'attraction trouve une résonance dans l'hermétisme, une tradition spirituelle et philosophique attribuée à Hermès Trismégiste. Les principes hermétiques, tels qu'exposés dans le Kybalion, incluent le principe de correspondance, qui stipule : « Ce qui est en haut, tel en bas ; ce qui est en bas, tel est en haut. » Cela résume l'idée selon laquelle les modèles et les dynamiques de l'univers plus vaste se reflètent dans le microcosme de la conscience humaine.

Nouveau mouvement de pensée

Alors que les roues du temps tournaient, le XIXe siècle a vu l'émergence du mouvement de la Nouvelle Pensée, un mouvement spirituel et philosophique qui a joué un rôle central dans la vulgarisation de la loi de l'attraction. Des visionnaires comme Phineas Quimby, Mary Baker Eddy et Emma Curtis Hopkins ont ouvert la voie à l'exploration du pouvoir mental et de son rôle dans la formation des destins individuels.

La dynamique de l'esprit et le 20e siècle

Au XXe siècle, la loi de l'attraction a retrouvé une vigueur renouvelée grâce aux œuvres de personnalités influentes comme Napoléon Hill et Earl Nightingale. "Think and Grow Rich" de Hill et "The Strangest Secret" de Nightingale faisaient écho à la sagesse ancienne dans le langage contemporain, mettant l'accent sur le pouvoir des pensées, des croyances et de la visualisation.

Résurgence moderne

Avance rapide jusqu'au 21e siècle, et la loi de l'attraction connaît une résurgence mondiale. Le documentaire révolutionnaire « The Secret », sorti en 2006, a mis ce principe intemporel au premier plan de la conscience populaire. Mettant en vedette des leaders d'opinion comme Bob Proctor et

Esther Hicks, "The Secret" a renforcé l'idée selon laquelle les pensées deviennent des choses et a déclenché une conversation mondiale sur la création consciente.

En dévoilant l'histoire de la loi de l'attraction, nous découvrons une tapisserie tissée avec les fils du mysticisme ancien, des principes hermétiques, de la philosophie de la nouvelle pensée et des idées contemporaines. Au fur et à mesure que nous approfondirons ce voyage, les prochains chapitres éclaireront les applications pratiques de la loi de l'attraction et vous guideront dans une odyssée transformatrice de découverte de soi et de manifestation.

Les principes fondamentaux qui la sous-tendent

La loi de l'attraction, à la base, fonctionne sur les principes fondamentaux de l'énergie, de la croyance et de la manifestation. Imaginez l'univers comme un vaste champ énergétique où chaque pensée, émotion et action émet une fréquence unique. Selon cette loi universelle, le semblable s'attire. En termes plus simples, l'énergie que vous émettez à travers vos pensées et vos sentiments attire une énergie similaire de l'univers.

Vibrations énergétiques

Le principe clé est de comprendre que tout dans l'univers, y compris les pensées et les émotions, vibre à une fréquence spécifique.

Les pensées et émotions positives vibrent à des fréquences plus élevées, tandis que les pensées négatives résonnent à des fréquences plus basses. La loi de l'attraction postule que vos vibrations énergétiques prédominantes déterminent les expériences que vous attirez dans votre vie.

La croyance comme catalyseur

La croyance agit comme un catalyseur de la loi de l'attraction. Vos croyances façonnent vos pensées, vos émotions et vos actions, influençant la fréquence de vos vibrations énergétiques. Si vous croyez sincèrement à la possibilité d'atteindre un objectif ou de manifester un désir, votre croyance positive renforce la fréquence énergétique supérieure, la rendant plus susceptible d'attirer les expériences positives correspondantes.

Manifestation par la concentration

La manifestation est un aspect crucial de la loi de l'attraction. En maintenant un état d'esprit concentré et positif, vous alignez votre énergie sur le résultat souhaité. L'univers répond à cet alignement en faisant entrer dans votre vie des circonstances, des opportunités et des personnes qui résonnent avec vos vibrations énergétiques. Ce processus ne consiste pas à prendre un vœu pieux mais à diriger consciemment vos pensées et vos émotions vers ce que vous souhaitez attirer.

Clarté et émotion

La clarté de vos désirs et les émotions positives qui les accompagnent jouent un rôle central dans la manifestation. Définir clairement ce que vous voulez et insuffler à ces désirs des émotions authentiques et positives amplifie la fréquence vibratoire de vos pensées. Cette fréquence accrue, à son tour, accélère le processus de manifestation, rapprochant ainsi vos désirs de la réalité.

Comprendre ces principes fondamentaux constitue la base pour appliquer efficacement la loi de l'attraction dans divers aspects de la vie.

Comment les pensées et les croyances façonnent notre réalité

Nos pensées et nos croyances sont les architectes de notre réalité, exerçant un immense pouvoir pour façonner le cours de nos vies. La loi de l'attraction fonctionne sur le principe selon lequel nos pensées et croyances prédominantes émettent des vibrations énergétiques qui résonnent avec des fréquences similaires dans l'univers. Essentiellement, notre monde interne de pensées et de croyances détermine la nature de nos expériences externes.

Considérez vos pensées comme les éléments constitutifs de la réalité dans laquelle vous vivez. Chaque pensée que vous entretenez envoie une fréquence vibratoire dans le champ énergétique de l'univers. Les pensées positives créent des vibrations édifiantes, tandis que les pensées négatives émettent des fréquences plus basses. L'univers, fonctionnant sur le principe de l'attraction, réagit en introduisant dans votre vie des expériences qui correspondent à la résonance énergétique de vos pensées.

Les croyances agissent comme des forces modelantes qui façonnent les contours de notre réalité. Si vous avez des croyances positives et stimulantes sur vous-même, vos capacités et le monde qui vous entoure, ces croyances deviennent le cadre à travers lequel vous percevez et interagissez avec la réalité. À l'inverse, les croyances limitantes ou négatives peuvent agir comme des obstacles, limitant votre potentiel et influençant les résultats que vous attirez.

La relation entre les pensées, les croyances et la réalité s'apparente à une prophétie auto-réalisatrice. Lorsque vous réfléchissez constamment à un résultat particulier et croyez sincèrement en sa possibilité, vos actions s'alignent sur cette croyance. Cet alignement déclenche une série d'événements et de choix qui conduisent à la manifestation de la réalité que vous envisagez. Ce n'est pas une simple coïncidence ; c'est la danse orchestrée entre votre état interne et le monde extérieur.

Une grande partie de ce processus se produit à un niveau subconscient. Notre subconscient, réservoir de croyances et de schémas de pensée, joue un rôle important dans le façonnement de notre réalité. Si des croyances profondément ancrées contredisent nos désirs conscients, cela crée une dissonance vibratoire qui entrave le processus de manifestation. Reconnaître et remodeler ces croyances subconscientes est une étape cruciale pour exploiter tout le potentiel de la loi de l'attraction.

Comprendre le pouvoir créatif des pensées et des croyances nous permet de devenir des créateurs conscients de notre réalité. En choisissant et en dirigeant activement nos pensées, nous prenons en charge les fréquences énergétiques que nous émettons. Grâce à des croyances positives et une pensée intentionnelle, nous participons activement à la co-création d'une réalité alignée avec nos désirs.

Chapitre 2:

Le rôle de la mentalité

Le pouvoir de l'état d'esprit pour obtenir des résultats positifs

Le pouvoir de l'état d'esprit pour attirer des résultats positifs ne peut être surestimé. Votre état d'esprit sert de lentille à travers laquelle vous percevez le monde, influençant votre interprétation des événements, vos réponses émotionnelles et, finalement, la réalité que vous vivez. Dans le domaine de la loi de l'attraction, cultiver un état d'esprit positif devient la pierre angulaire pour débloquer une cascade de résultats favorables.

Considérez votre état d'esprit comme l'architecte de votre réalité. Un état d'esprit positif n'implique pas simplement une réflexion optimiste face aux défis ; cela s'étend à une croyance fondamentale dans la possibilité de résultats positifs. Lorsque vous abordez la vie avec un état d'esprit qui anticipe le succès, l'abondance et la joie, vous préparez le terrain pour que ces manifestations se déroulent.

Votre état d'esprit émet une fréquence vibratoire distincte qui s'aligne sur l'énergie de vos pensées et de vos croyances. Un état d'esprit positif résonne avec des fréquences plus élevées associées à l'amour, à la gratitude et à l'optimisme. Dans cette harmonie vibratoire, vous devenez un aimant pour des expériences et des opportunités qui reflètent la positivité ancrée dans votre état d'esprit.

La loi de l'attraction fonctionne sur le principe selon lequel le semblable attire le semblable. Un état d'esprit positif déclenche un effet d'entraînement, attirant des circonstances, des relations et des événements fortuits positifs dans votre vie. Il ne s'agit pas d'un vœu pieux mais de créer un environnement intérieur qui puise naturellement les énergies propices à votre bien-être.

Un état d'esprit positif constitue un puissant antidote aux croyances limitantes. Face à des défis, des revers ou un doute de soi, un état d'esprit positif transforme l'adversité en une opportunité de croissance. Il démantèle les barrières de la négativité et favorise la résilience, vous permettant de naviguer à travers les rebondissements de la vie avec grâce et détermination.

Votre état d'esprit influence profondément vos actions. Un état d'esprit positif alimente des actions inspirées, des décisions fondées sur la confiance et une approche proactive pour atteindre vos objectifs. À mesure que vos pensées s'alignent sur une attente positive, vous êtes naturellement attiré par des choix qui correspondent à la réalité que vous cherchez à créer.

Cultiver un état d'esprit positif implique un engagement conscient à surveiller et à réorienter vos pensées. Il s'agit d'une pratique continue de conscience de soi, de choix d'interprétations stimulantes et d'adoption d'une attitude de gratitude. En entretenant constamment un état d'esprit positif, vous créez une atmosphère intérieure propice à l'attraction de résultats positifs.

La différence entre un état d'esprit fixe et un état d'esprit de croissance

Comprendre la différence fondamentale entre un état d'esprit fixe et un état d'esprit de croissance est essentiel pour saisir les nuances du rôle de l'état d'esprit dans la loi de l'attraction.

État d'esprit fixe

Un état d'esprit fixe se caractérise par la conviction que les capacités, l'intelligence et les talents d'une personne sont des traits innés qui restent statiques. Les individus ayant un état d'esprit fixe perçoivent leurs qualités comme prédéterminées, ce qui conduit à un désir de paraître intelligent et à une réticence à relever les défis. L'échec est considéré comme le reflet de limitations inhérentes plutôt que comme une opportunité de croissance. Dans un état d'esprit figé, l'accent est mis sur la validation des capacités existantes plutôt que sur le développement de nouvelles.

Mentalité de croissance

À l'inverse, une mentalité de croissance repose sur la conviction que les capacités peuvent être développées grâce au dévouement, au travail acharné et à l'apprentissage. Ceux qui ont une mentalité de croissance voient les défis comme des tremplins vers l'amélioration et voient l'échec comme un catalyseur pour des efforts supplémentaires. En adoptant le processus d'apprentissage et en considérant les revers comme des obstacles temporaires, les individus ayant un état d'esprit de croissance sont plus résilients face aux défis. Ils perçoivent l'effort comme le chemin vers la maîtrise et s'inspirent du succès des autres.

Impact sur la loi de l'attraction

La distinction entre un état d'esprit fixe et un état d'esprit de croissance est cruciale dans le contexte de la loi de l'attraction. Un état d'esprit figé peut créer par inadvertance des limitations auto-imposées, car la croyance en la nature statique des capacités peut entraver l'ouverture à de nouvelles opportunités et la résilience requise pour manifester des désirs. Au contraire, un état d'esprit de croissance s'aligne parfaitement sur les principes de la loi de l'attraction. Il favorise l'adaptabilité, la volonté d'apprendre et la compréhension que les défis font partie intégrante du parcours de développement personnel.

Cultiver un état d'esprit de croissance

Passer d'un état d'esprit fixe à un état d'esprit de croissance implique un engagement conscient envers la conscience de soi et le recadrage de ses pensées. Reconnaître et remettre en question les croyances limitantes, considérer les défis comme des opportunités de croissance et reconnaître le pouvoir de l'effort et de la persévérance sont des étapes clés pour cultiver un état d'esprit de croissance. Alors que nous explorons les applications pratiques de la loi de l'attraction, l'intégration d'un état d'esprit de croissance amplifie l'efficacité de la manifestation délibérée.

Comment un état d'esprit positif contribue à la loi de l'attraction

Dans la danse complexe entre l'esprit et l'univers, la positivité émerge comme une force directrice qui façonne les résultats dictés par la loi de l'attraction. Dévoilons le lien profond entre un état d'esprit positif et la manifestation des désirs.

1. Alignement vibratoire : Au cœur de la loi de l'attraction se trouve le concept d'alignement vibratoire. Chaque pensée, émotion et croyance émet une fréquence vibratoire spécifique. La positivité agit comme une fréquence harmonieuse, en résonance avec l'énergie de l'abondance, de la gratitude et des possibilités. Lorsque votre état d'esprit respire la positivité, vous vous accordez à la longueur d'onde vibratoire qui attire des énergies positives similaires de l'univers.

2. L'effet miroir : Considérez votre état d'esprit comme un miroir reflétant vos pensées et croyances prédominantes. Un état d'esprit positif fonctionne comme un miroir poli qui grossit et attire les réflexions positives du monde extérieur. À l'inverse, un état d'esprit négatif déforme le miroir, renvoyant des expériences indésirables. Adopter la positivité revient à ajuster le miroir pour capturer la beauté et l'abondance disponibles pour la manifestation.

3. Intention d'amplification : La positivité amplifie la puissance de vos intentions. Lorsque vous abordez vos désirs avec un état d'esprit positif, vous leur insufflez une énergie magnétique qui les rapproche de leur réalisation. L'univers répond à la clarté et à l'optimisme ancrés dans les intentions positives, en orchestrant des événements et des opportunités pour s'aligner sur vos aspirations.

4. Résilience face aux défis : Maintenir un état d'esprit positif face aux défis est une marque de la maîtrise de la loi de l'attraction. Les défis ne sont pas des obstacles mais plutôt des opportunités de croissance et de réorientation. Un état d'esprit positif vous permet de surmonter les obstacles avec résilience, en les considérant comme des tremplins vers la manifestation de vos désirs.

5. La gratitude comme catalyseur : La gratitude, pierre angulaire de la positivité, sert de catalyseur dans le processus de manifestation. Lorsque vous exprimez votre gratitude pour les bénédictions existantes, vous créez un chemin énergétique permettant à l'univers de fournir plus d'abondance. La gratitude est une force magnétique qui attire les expériences positives, renforçant ainsi le cycle de manifestation.

Alors que nous nous embarquons dans ce voyage, n'oubliez pas que votre état d'esprit est le peintre de la toile de votre réalité. Avec la positivité comme palette, vous maniez le pinceau qui crée un chef-d'œuvre de manifestations alignées.

Chapitre 3:

Le subconscient

Le concept de l'esprit subconscient

Dans le labyrinthe de l'esprit, le subconscient se présente comme un centre profond d'opération divine, un orchestrateur silencieux de la danse complexe de la loi de l'attraction. Plongeons dans les profondeurs du subconscient, comprenant son rôle de don sacré et de fidèle serviteur dans le domaine de la manifestation.

1. Le don divin :

La sagesse d'Einstein résonne dans les couloirs de la compréhension : « L'esprit intuitif est un don sacré et l'esprit rationnel est un fidèle serviteur. » Le subconscient, semblable à l'esprit intuitif, apparaît comme le don divin accordé à chaque individu.

Contrairement à l'esprit rationnel, lié par les perceptions sensorielles, le subconscient transcende le fini, se connectant au royaume infini du divin.

2. Centre d'opération divine :

Imaginez le subconscient comme l'épicentre où se déroulent les opérations divines. Contrairement aux entités physiques dotées de centres mesurables, le royaume divin manque de frontières. Dans le divin, chaque point est le centre, et dans le domaine du subconscient, le divin orchestre son grand dessein d'expansion et d'expression plus complète.

3. Expansion et expression plus complète :

L'opération divine, inhérente au subconscient, cherche perpétuellement à s'étendre et à s'exprimer plus pleinement. Il ne s'agit pas d'une simple répétition d'expériences passées mais d'un voyage continu vers des territoires inexplorés de créativité. Votre passé, un tremplin, vous permet de vous aventurer dans le nouveau, créant des conditions qui surpassent tout ce qui les a précédés.

4. Conscience consciente par l'expérience :

Réfléchissez à la tapisserie de votre vie, tissée de fils d'expériences diverses. Chaque joie et défi, chaque haut et chaque bas, contribue à la conscience consciente résidant dans le centre divin de votre subconscient. Chaque rebondissement de votre voyage constitue un ingrédient nécessaire au chef-d'œuvre sans précédent que vous êtes sur le point de créer.

5. Lois immuables de l'univers :

Les lois régissant l'univers, immuables et divinement ordonnées, trouvent leur reflet dans le subconscient. Ces lois, au-delà du domaine de la création humaine, guident le subconscient dans la perpétuation des opérations divines. L'hiver succède infailliblement à l'été, la nuit cède la place au jour et, dans la danse infinie de la création, l'inconscient s'aligne sur ces rythmes cosmiques.

6. Loi de compensation :

Parmi les lois immuables, la Loi de Compensation résonne dans les couloirs de l'abondance. Vos revenus, régis par cette loi, reflètent le rapport précis de trois éléments : la nécessité de ce que vous faites, votre capacité à le faire et la difficulté de vous remplacer. En vous concentrant sur l'amélioration de vos capacités, vous entrez dans le rythme de la compensation divine, une danse d'abondance guidée par le centre divin intérieur.

Les enseignements de Thomas Troward et Geneviève Behrend

Dans la tapisserie de sagesse tissée par les sommités, Thomas Troward se présente comme un phare, illuminant le chemin vers les facultés supérieures de l'esprit. Alors que nous parcourons les couloirs des enseignements de Troward, embrassons les profondes idées qui ont résonné à travers les générations.

1. L'esprit intuitif comme don sacré : Au cœur de la philosophie de Troward se trouve la reconnaissance de l'esprit intuitif comme un don sacré. Cette faculté supérieure, épargnée par les limitations de l'esprit rationnel, ouvre la porte aux opérations divines. Troward nous exhorte à honorer ce don, reconnaissant son rôle dans la grande symphonie de la création.

2. Serviteur fidèle – L'esprit rationnel : Troward juxtapose l'esprit intuitif à l'esprit rationnel, considérant ce dernier comme un fidèle serviteur. Alors que l'esprit rationnel joue un rôle crucial dans la navigation dans le monde tangible, la sagesse de Troward nous invite à ne pas exalter le serviteur au prix de négliger le don.

3. Dévoilement du cadeau oublié : Une réflexion poignante émerge à mesure que nous absorbons les enseignements de Troward : la société moderne tient compte du serviteur, de l'esprit rationnel, oubliant le don sacré de l'intuition. Le déséquilibre, suggère Troward, crée une dissonance avec le flux naturel des opérations divines. Pour exploiter la loi de l'attraction, il faut redécouvrir et honorer l'esprit intuitif en tant que force centrale de la manifestation.

Entrez Geneviève Behrend, une sommité façonnée par la sagesse de Thomas Troward. En tant que seule étudiante de Troward, Behrend s'est lancée dans un voyage transformateur pour actualiser les principes qu'elle a imprégnés de son vénéré mentor.

1. La quête du savoir : Le voyage de Behrend a commencé avec un désir impérieux : absorber les enseignements de Troward, même au prix d'attirer 20 000 $ en 1912 pour étudier sous sa tutelle. Cette quête du savoir dévoile le premier principe : une soif insatiable de sagesse nous pousse vers la réalisation des rêves.

2. Le pouvoir de l'étude : Au milieu des pages des œuvres profondes de Troward, Behrend a découvert les clés permettant de percer les secrets de la manifestation. Grâce à une étude assidue et à un engagement inébranlable envers les enseignements de Troward, elle a transcendé les limites et est entrée dans le royaume des possibilités infinies.

3. Attirer l'abondance : La vie de Behrend est devenue un témoignage de l'efficacité des principes de Troward. La loi de l'attraction, activée par son étude ciblée et son alignement sur les opérations divines, l'a poussée à attirer les moyens financiers pour étudier sous Troward. Cela fait écho à la vérité fondamentale : l'application des connaissances transforme les désirs en réalités tangibles.

Alors que nous intégrons les enseignements de Troward et Behrend dans le tissu de notre compréhension, laissez leur sagesse nous guider vers une compréhension enrichie de la loi de l'attraction. Le voyage ne se déroule pas simplement comme une exploration intellectuelle mais comme une profonde assimilation de principes qui ont le potentiel de façonner les destins.

Le rôle de l'intuition et des facultés supérieures

Dans la danse complexe entre le tangible et l'invisible, l'intuition apparaît comme la force directrice, guidant les chercheurs vers la manifestation de leurs désirs les plus profonds. Les enseignements de Thomas Troward et Geneviève Behrend éclairent le chemin, soulignant le rôle central de l'intuition et des facultés supérieures dans l'exploitation de l'énergie profonde de la loi de l'attraction.

1. La danse sacrée de l'intuition : Imaginez l'intuition comme partenaire de danse sacrée dans la salle de bal de votre esprit. La sagesse de Troward nous invite à reconnaître ce partenaire non seulement comme un spectateur mais comme l'orchestrateur des mouvements divins. L'intuition, épargnée par les contraintes de la logique, devient le murmure silencieux qui nous guide vers l'alignement avec les fréquences vibratoires de nos désirs.

2. Transcender les frontières rationnelles : La juxtaposition par Troward de l'esprit intuitif en tant que don sacré et de l'esprit rationnel en tant que fidèle serviteur dévoile le pouvoir inhérent de l'intuition. Contrairement à son homologue rationnelle, l'intuition transcende les frontières fixées par le monde tangible. Il s'aventure dans les domaines des possibles, où sont semées les graines de la manifestation.

3. Symphonie de manifestation de Geneviève Behrend : Le voyage de Behrend avec Troward devient une symphonie dans laquelle l'intuition joue une mélodie harmonieuse. Alors que Behrend étudiait assidûment les principes énoncés par Troward, elle a non seulement absorbé ses connaissances intellectuelles, mais a également permis à son esprit intuitif de mener la danse. L'alignement de l'intellect et de l'intuition est devenu la clé pour percer les secrets de la manifestation.

4. Facultés supérieures : Les Architectes de la Création : Considérez les facultés supérieures comme les architectes qui conçoivent le modèle de notre réalité. La révélation de Troward selon laquelle l'esprit intuitif est un centre d'opération divine souligne l'importance de ces facultés supérieures. Ils opèrent au-delà du spectre visible, créant les forces invisibles qui façonnent nos expériences.

5. Harmonie avec les opérations divines : Pour utiliser efficacement la loi de l'attraction, il faut s'harmoniser avec les opérations divines. Cette harmonisation implique de reconnaître l'intuition non pas comme une sensation passagère mais comme une force profonde qui nous guide vers une expansion et une expression plus complète. Les facultés supérieures, lorsqu'elles sont reconnues et adoptées, deviennent la boussole qui guide le voyage de la création consciente.

Alors que nous traversons les royaumes de l'intuition et des facultés supérieures, accordons-nous à la danse sacrée intérieure. Dans cette danse, l'intuition mène et les facultés supérieures sculptent la grande tapisserie de nos désirs manifestés. La Loi de l'Attraction, dans sa forme la plus pure, se déploie comme une symphonie où chaque note est jouée par des forces invisibles, résonnant au rythme de nos intentions.

Chapitre 4:

L'opération divine d'expansion

La Symphonie de l'expansion et d'une expression plus complète

Dans la grande orchestration de l'univers, l'opération divine apparaît comme le chef d'orchestre, guidant la symphonie de l'existence vers un crescendo d'expansion et d'expression plus complète. La profonde perspicacité de Thomas Troward résonne à travers les couloirs du temps, proclamant que la nature inhérente du Divin est une croissance continue et une manifestation accrue.

1. L'impulsion éternelle de l'expansion : Imaginez l'univers comme une entité vivante et respirante, palpitant au rythme éternel de l'expansion. L'opération divine, tout comme un battement de cœur cosmique, propulse toute la création vers les limites de son propre potentiel. Troward nous invite à reconnaître cette pulsation comme l'essence fondamentale de la loi de l'attraction : une attirance incessante vers plus, vers les territoires inexplorés du possible.

2. La danse d'une expression plus complète : Si l'expansion est le voyage cosmique, alors une expression plus complète est la danse à travers laquelle l'univers exprime son potentiel infini. Considérez cette danse comme l'interaction des énergies, la chorégraphie de forces invisibles façonnant des réalités au-delà de la portée de ce qui a précédé. Dans chaque note jouée par le Divin, il existe une invitation à exprimer davantage, à devenir plus.

3. De la graine à la floraison : Considérez vos désirs comme des graines plantées dans le sol fertile de l'univers. L'opération divine nourrit ces graines, les amenant à germer, à croître et finalement à s'épanouir en réalités. Il ne s'agit pas d'une simple réplication du passé mais d'une évolution continue – un voyage depuis le bourgeon du potentiel jusqu'à la pleine floraison de la manifestation.

4. Harmonisation avec la Divine Symphonie :S'aligner sur l'opération divine, c'est devenir un participant volontaire à la symphonie cosmique. La Loi de l'Attraction devient l'instrument par lequel nous nous harmonisons avec la nature expansive du Divin. À mesure que nous adaptons nos pensées et nos vibrations à la fréquence de la croissance, nous nous retrouvons emportés par les courants d'une expression plus complète.

5. Co-créateurs conscients : En comprenant la quête d'expansion et d'expression plus complète du Divin, nous endossons notre rôle de co-créateurs conscients. Chaque intention, chaque pensée devient un trait sur la toile de l'existence, contribuant au chef-d'œuvre de nos vies. La loi de l'attraction n'est donc pas simplement une loi ; c'est une invitation à danser aux côtés du Divin dans la valse éternelle de la création.

Alors que nous voyageons à travers la symphonie de l'expansion et de l'expression plus complète, embrassons la mélodie du Divin, lui permettant de nous guider vers les horizons infinis de notre propre devenir. La loi de l'attraction, lorsqu'elle est appliquée en harmonie avec le rythme cosmique, devient une force transformatrice, nous introduisant dans les royaumes en constante expansion de notre vrai moi.

Le concept de croissance personnelle et la création de nouvelles conditions

Se lancer dans le voyage de croissance personnelle revient à enfiler la robe d'un alchimiste et à s'engager dans le processus mystique de transmutation des éléments de base de notre réalité actuelle en la tapisserie dorée d'une vie réinventée. La loi de l'attraction, en tant que catalyseur alchimique, devient la pierre philosophale, nous guidant à travers la danse complexe de la manifestation.

1. Alchimie de l'esprit : Le creuset alchimique est l'esprit, l'espace sacré où les pensées, les intentions et les croyances se fondent dans la prima materia de notre existence. À mesure que nous comprenons l'essence même de notre esprit comme centre d'opération divine, l'alchimie se dévoile. La Loi de l'Attraction, telle une formule alchimique, répond aux vibrations émises par nos pensées, façonnant et remodelant les matières premières de notre réalité.

2. Création consciente : La croissance personnelle, sous l'alchimie de la Loi de l'Attraction, est un acte intentionnel de création consciente. Cela nous invite à jouer le rôle de maîtres artisans, façonnant notre destin avec détermination et clarté. L'invitation du Divin à s'étendre et à s'exprimer trouve une résonance dans notre engagement à transcender les limites du passé, en forgeant de nouvelles conditions qui reflètent l'évolution de notre conscience.

3. Du plomb à l'or : Considérez votre situation actuelle comme le poids du passé – un amalgame d'expériences, de choix et de croyances. La loi de l'attraction, lorsqu'elle est exploitée avec intention et clarté, transmue cette piste en opportunités dorées du futur. La croissance personnelle devient le creuset où se déploie l'alchimie, transformant les défis en tremplins et les revers en tremplins.

4. Devenir l'architecte de votre destin : En tant qu'architectes de notre destin, nous utilisons les outils de la vision, de la croyance et de l'action inspirée. La loi de l'attraction répond aux plans gravés dans nos esprits, conspirant avec le cosmos pour faire naître les édifices de nos désirs. L'appel à l'expansion et à une expression plus complète trouve sa réponse dans l'acte délibéré de concevoir une vie qui reflète nos aspirations les plus élevées.

5. La tapisserie de la transformation : Dans le grand métier de l'existence, la croissance personnelle est le fil conducteur de la transformation. La loi de l'attraction tisse les fils de l'intention, de la croyance et de l'action dans une tapisserie qui reflète non seulement qui nous sommes mais aussi qui nous devenons. Chaque instant devient un trait sur la toile de notre évolution, et chaque défi se transforme en opportunité de raffinement alchimique.

6.   Au-delà   de   la répétition : Contrairement à un refrain monotone, la croissance personnelle sous la loi de l'attraction est une symphonie d'innovation perpétuelle. L'appel à l'expansion n'est pas un appel à la répétition mais une invitation à composer de nouvelles mélodies, à sculpter de nouvelles perspectives et à danser au rythme d'un cosmos en constante évolution.

Alors que nous nous engageons dans l'alchimie de la croissance personnelle, nous nous trouvons à la croisée des possibilités et de la réalité, co-créant notre destinée avec l'univers. La loi de l'attraction, un élixir puissant dans notre boîte à outils alchimique, nous guide vers la réalisation que la croissance personnelle n'est pas une destination mais un voyage continu de découverte de soi et de transformation.

La séquence ordonnée de croissance à travers les expériences passées

Dans la tapisserie complexe de nos vies, chaque fil, chaque couleur et chaque nuance représente la symphonie des expériences qui ont façonné notre voyage. En explorant le concept de la loi de l'attraction, nous constatons que cette loi cosmique tisse sa magie non seulement dans le moment présent mais aussi à travers la séquence ordonnée de croissance manifestée par nos expériences passées.

1. La Symphonie Consciente :Considérez votre conscience comme le chef d'orchestre orchestrant la symphonie de votre vie. La Loi de l'Attraction, semblable à la baguette du maestro, répond aux notes conscientes et subconscientes émanant de votre être. Dans cette symphonie, chaque expérience passée contribue à l'évolution mélodique, offrant des aperçus, des leçons et des échos qui se répercutent à travers le temps.

2. Le prélude intentionnel : Tout comme une pièce musicale a un prélude, nos vies se déroulent à travers des débuts déterminés. La loi de l'attraction reconnaît que chaque expérience, qu'elle semble sans conséquence ou profondément transformatrice, sert de prélude au mouvement suivant. Ces préludes utiles préparent le terrain pour la croissance, nous préparant à la progression harmonieuse vers une expression plus élevée de soi.

3. Le crescendo des défis : Les défis, tels des crescendos dans une composition musicale, ponctuent notre parcours. La loi de l'attraction discerne l'énergie que nous investissons pour surmonter les défis et la transmue en éléments constitutifs de la résilience et de la sagesse. Chaque crescendo, qu'il s'agisse d'une épreuve personnelle ou d'un triomphe, contribue au flux et reflux dynamique de notre trajectoire de croissance.

4. Harmoniser avec l'harmonie : La loi de l'attraction, dans sa sagesse cosmique, harmonise nos expériences avec les fréquences vibratoires que nous émettons. Cela nous aligne avec des circonstances et des opportunités qui résonnent avec notre conscience en évolution. Grâce à cette harmonisation, la séquence ordonnée de croissance devient une danse – une synchronisation d'intention, de croyance et de manifestation.

5. Réflexions rythmiques : Des réflexions, semblables aux intermèdes rythmiques d'une composition musicale, ponctuent notre croissance. La loi de l'attraction nous invite à introspecter les expériences passées, en extrayant les schémas rythmiques qui régissent nos réponses à la cadence de la vie. Cette conscience de soi devient la boussole qui nous guide à travers le labyrinthe des possibilités et nous propulse vers des expressions supérieures.

6. Transcender les signatures rythmiques : Alors que nous naviguons dans la symphonie de la croissance, la loi de l'attraction transcende les contraintes des signatures rythmiques linéaires. Les expériences passées, les intentions présentes et les aspirations futures s'harmonisent dans une composition intemporelle. Cette transcendance nous invite à percevoir notre voyage non pas comme une progression linéaire mais comme un chef-d'œuvre multidimensionnel.

Dans la grande orchestration de la vie, la Loi de l'Attraction apparaît comme un compositeur silencieux, à l'écoute des vibrations de notre conscience. La séquence ordonnée de croissance à travers les expériences passées devient une symphonie envoûtante, un témoignage de la danse cosmique entre nos intentions et la réponse de l'univers.

Chapitre 5:

La loi de la compensation

Les trois facteurs qui déterminent le revenu

Dans la grande symphonie de la génération de revenus, trois facteurs clés composent la mélodie harmonieuse : le besoin, la capacité et la difficulté de remplacement. Disséquons chaque note pour comprendre comment elles orchestrent la composition financière de nos vies.

1. La mélodie du besoin

- *Introduction au besoin comme note fondamentale :* L'essence même du revenu est intimement liée à la résonance de nos offres avec les besoins collectifs de la société. Tout comme une mélodie trouve sa raison d'être dans les oreilles qui l'entendent, les services que nous proposons créent une relation symbiotique avec les besoins inhérents du monde.

- *La relation symbiotique :* En parcourant le paysage des revenus, nous découvrons que plus nos compétences et nos services s'alignent sur les besoins profonds du monde, plus nos rendements financiers deviennent résonnants et gratifiants. C'est une mélodie qui joue dans le cœur de ceux qui bénéficient de nos offres, créant un alignement harmonieux entre contribution et récompense.

2. L'harmonie des capacités
- *Fabriquer l'art de la contribution :* La capacité personnelle occupe une place centrale en tant que facteur déterminant dans la symphonie de la richesse. Affinez

vos compétences, améliorez vos capacités et observez l'amplification de votre capacité à contribuer de manière significative. La Loi de Compensation reconnaît la maîtrise et le développement des compétences comme des catalyseurs d'augmentation des revenus, transformant vos capacités en notes qui font écho au succès.

- *La maîtrise de l'artisanat :* À travers des anecdotes et des histoires de réussite, nous explorons des individus qui ont élevé leur potentiel de revenus en s'engageant dans l'art de contribuer et en maîtrisant leur métier. Tout comme un musicien talentueux crée de belles mélodies, perfectionner vos capacités vous permet d'orchestrer une composition financière qui résonne avec succès.

3. La cadence des difficultés de remplacement

- *Démasquer l'essence négligée :* Dans l'équation complexe du revenu, la difficulté de remplacement apparaît comme un facteur souvent négligé mais crucial. Il ne s'agit pas seulement de besoin et de capacité ; il s'agit également de la rareté des individus possédant des compétences similaires. Cette rareté dévoile l'essence de la dynamique des revenus, dans laquelle la rareté d'un ensemble de compétences propulse les individus dans des scénarios de forte demande et de faible remplacement.

- *La rareté comme catalyseur :* Alors que nous démasquons l'essence de la rareté, nous explorons son impact catalyseur sur les revenus. La rareté devient la force motrice, propulsant les individus dotés de compétences uniques vers des postes très demandés. À travers des études de cas, nous mettons en évidence la corrélation entre la difficulté de remplacement et les niveaux de revenus élevés, démontrant comment la rareté joue un rôle central dans la symphonie financière.

En comprenant la triade besoin, capacité et difficulté de remplacement, les individus apprennent à orchestrer une composition financière résonante et harmonieuse. Cette interaction complexe sert de bâton de direction, nous guidant vers la libération du véritable potentiel de la Loi de Compensation.

Anecdotes personnelles sur l'application de la Loi de Compensation

Voyageons dans les récits réels qui résonnent avec l'application de la loi de compensation. Ces anecdotes personnelles servent d'échos mélodiques, illustrant le pouvoir transformateur de l'alignement des besoins, des capacités et des difficultés de remplacement dans la recherche de l'harmonie financière.

1. L'histoire de l'alignement harmonieux de Sarah

Sarah, graphiste passionnée, se retrouve à la croisée des chemins. Elle a décidé de se lancer dans un créneau où ses compétences créatives répondaient aux besoins pressants des petites entreprises dépourvues d'une image de marque visuellement attrayante. Alors qu'elle harmonisait ses capacités avec les besoins profonds de sa clientèle, la résonance était palpable. La demande pour son expertise unique en matière de conception a augmenté, tout comme les récompenses financières. Au cours de son parcours, Sarah est devenue un témoignage vivant de l'alignement harmonieux des besoins et des capacités.

2. Symphonie de maîtrise de David

David, un aspirant développeur de logiciels, a compris l'importance de maîtriser son métier. Il s'est consacré à l'apprentissage continu, se tenant au courant des dernières avancées technologiques. Au fur et à mesure qu'il perfectionnait ses compétences en codage et devenait un maestro dans son domaine, les opportunités se sont présentées sans effort. Sa maîtrise a non seulement ouvert les portes à des projets bien rémunérés, mais l'a également positionné comme un atout irremplaçable dans un paysage technologique avide d'expertise.

3. Le succès d'Emily dû à la rareté

Emily, une analyste de données qualifiée, a reconnu la rareté des professionnels maîtrisant un outil analytique spécifique. Sentant l'opportunité, elle s'immerge dans la maîtrise de cet outil, devenant ainsi une perle rare dans son secteur. Alors que les entreprises la recherchaient pour ses compétences uniques, Emily a connu une augmentation de la demande. La rareté des personnes possédant son expertise l'a élevée dans un scénario de forte demande et de faible remplacement, se traduisant par une croissance exponentielle des revenus.

Ces anecdotes font écho à la loi de compensation en action, mettant en valeur le pouvoir transformateur de l'alignement des capacités personnelles sur les besoins de la société et de la navigation dans le paysage de la rareté. Pendant que vous absorbez ces histoires, réfléchissez à la façon dont les principes de besoin, de capacité et de difficulté de remplacement s'entrelacent

pour créer une symphonie de réussite
financière.

L'importance de se concentrer sur l'amélioration de ses capacités

Dans la grande orchestration de la réussite
financière, les projecteurs sont braqués sur
le virtuose – l'individu qui affine et améliore
continuellement ses capacités. Explorons
l'importance profonde de se concentrer sur
l'amélioration continue de ses compétences,
un crescendo qui résonne dans les chambres
de la Loi de Compensation.

1. La maîtrise dévoile les harmonies cachées

Imaginez un pianiste assis devant les touches, chaque coup révélant une harmonie cachée. De même, en vous engageant à maîtriser votre métier, vous révélez des potentiels latents et des opportunités non découvertes. La maîtrise sert de catalyseur qui transforme les efforts ordinaires en symphonies extraordinaires, amplifiant votre résonance dans le monde.

2. Valeur élevée de l'expertise

Dans le domaine de la composition financière, l'expertise est la monnaie qui transcende les limites. En améliorant constamment vos capacités, vous augmentez votre valeur sur le marché. Plus vos compétences sont perfectionnées, plus vous devenez recherché, vous positionnant comme un atout inestimable dans un monde avide d'excellence.

3. Une danse dynamique avec l'innovation

Le monde est une piste de danse dynamique d'innovation, et vos capacités sont les pas gracieux qui parcourent cette chorégraphie complexe. L'amélioration continue vous permet de rester à l'écoute des rythmes de progrès en constante évolution. L'adoption de nouvelles techniques, technologies et connaissances devient une partie intégrante de votre parcours, gardant votre mélodie financière fraîche et pertinente.

4. Résilience face au changement

Améliorer vos capacités agit comme un bouclier contre les tempêtes imprévisibles du changement. Dans un paysage où l'adaptabilité est essentielle, perfectionner vos compétences constitue une base résiliente. Cela vous permet de relever les défis avec grâce, sachant que votre capacité de croissance est une force inébranlable, inflexible face à l'adversité.

5. Symphonie de découverte de soi

Le parcours d'amélioration des compétences est également une symphonie de découverte de soi. Chaque effort visant à améliorer vos capacités dévoile des couches de potentiel inexploité, transformant la poursuite de la maîtrise en une odyssée transformatrice. Embrassez cette découverte de soi comme un accord harmonieux dans votre évolution personnelle et financière.

Alors que nous naviguons dans les couloirs de l'harmonie financière, n'oubliez pas : l'importance de se concentrer sur l'amélioration de ses capacités n'est pas simplement une tâche mais un engagement profond à sculpter un chef-d'œuvre. Vos compétences sont les notes qui composent l'opus de votre réussite. Réfléchissez à cette résonance et réfléchissez à la façon dont la mélodie de l'amélioration continue peut élever votre composition financière.

Chapitre 6:

Stratégies pour gagner un revenu

Trois stratégies pour gagner un revenu

Dans la grande symphonie du revenu, il y a trois mouvements distincts, chacun composant une mélodie unique d'orchestration financière. Entrons dans le monde des stratégies génératrices de revenus, où M1, M2 et M3 occupent le devant de la scène, chacun jouant un rôle central dans la danse harmonieuse de la création de richesse.

1. M1 : Le tango du commerce du temps
La chorégraphie de Time for Money

M1, le premier mouvement, est une danse aussi vieille que le temps lui-même : le Time-Trade Tango. Ici, les individus échangent leurs précieuses heures contre une compensation financière. Le rythme est fixé par l'horloge qui tourne et la mélodie résonne avec la reconnaissance que le temps est une ressource limitée. Le défi consiste à éviter le point de saturation, où la piste de danse du temps devient bondée, limitant la capacité de gain de chacun.

L'énigme de la saturation

La saturation est l'adversaire silencieux de cette danse, murmurant des avertissements de rendements décroissants. Alors que la demande de services exigeant beaucoup de temps atteint son apogée, les revenus plafonnent crescendo. C'est un équilibre délicat, et ceux qui sont sensibles aux nuances de la gestion du temps naviguent dans ce tango avec finesse.

2. M2 : La valse de la richesse

L'investissement comme chorégraphie

Le deuxième mouvement, M2, nous présente la Valse de la richesse, une danse où l'argent engendre de l'argent grâce à des investissements stratégiques. Les participants à cette valse sont des architectes financiers, exploitant le capital pour créer une symphonie de revenus. La chorégraphie consiste à identifier les opportunités lucratives, à effectuer une diligence raisonnable et à confier les fonds au rythme de la croissance composée.

La danse de la prudence financière

Le M2 requiert une maîtrise de la prudence financière, où les participants effectuent des mouvements calculés sur la piste de danse des investissements. C'est une danse de risque et de récompense, où le succès se mesure non seulement par les premiers pas, mais aussi par le rythme gracieux d'une croissance financière soutenue.

3. M3 : L'harmonie des multiples flux
Créer une symphonie de flux de revenus

Le dernier mouvement, M3, dévoile l'Harmonie des flux multiples, une symphonie où les individus deviennent les chefs d'orchestre de leur destin financier. M3 est la danse des entrepreneurs et des visionnaires, orchestrant un chœur de revenus provenant de sources diverses. Du marketing d'affiliation aux collaborations mondiales, les participants à M3 maîtrisent l'art de la diversification.

La Symphonie sans fin

M3 est sans limites, avec des participants tissant une symphonie sans fin de flux de revenus. La magie réside dans la capacité à établir et à entretenir plusieurs sources, en garantissant qu'aucune note ne dicte la composition financière. C'est une danse d'innovation, d'adaptabilité et de recherche incessante de nouvelles opportunités.

Alors que nous concluons cette exploration des stratégies génératrices de revenus, réfléchissez aux mouvements qui correspondent à vos aspirations financières. Êtes-vous enlacé dans le Tango du Commerce du Temps, valsant gracieusement dans la Valse de la Richesse ou orchestrant l'Harmonie des Flux Multiples ? Le décor est planté, la musique joue et le choix de la danse vous appartient. N'hésitez pas à partager vos réflexions ou laissez la symphonie continuer avec le mouvement suivant.

Les limites de M1 (échanger du temps contre de l'argent) et M2 (investir de l'argent)

Dans le grand ballet des stratégies de revenus, chaque mouvement a son élégance, mais il est essentiel de reconnaître les limites qui accompagnent chaque danse. Mettons en lumière M1 et M2, en disséquant leurs subtilités et en comprenant les contraintes inhérentes qu'ils apportent sur la scène financière.

1. M1 : Le dilemme du tango du commerce du temps

Le dilemme de la saturation

Dans le Time-Trade Tango (M1), où les heures sont échangées contre des billets financiers, une limite poignante apparaît : la saturation. La piste de danse du temps a ses limites, et alors que l'on s'efforce d'augmenter ses revenus en y consacrant plus d'heures, un point critique est atteint. La saturation s'installe et la danse autrefois animée se transforme en une routine répétitive. Plus on danse, moins il y a de marge de manœuvre, ce qui limite le potentiel d'augmentation des revenus.

L'équilibre précaire

La limite de M1 réside dans son équilibre délicat. Si le temps est une denrée précieuse, compter uniquement sur cet échange devient un acte précaire. Le défi consiste à maintenir l'équilibre, en évitant les pièges de l'épuisement professionnel et du manque de temps. Comprendre les limites de M1 soulève la question : la danse du temps peut-elle transcender ses frontières ?

2. M2 : Les mises en garde de la valse de la richesse

Le pari risque-rendement

Alors que nous entrons dans le royaume de la Valse de la richesse (M2), où l'argent tourbillonne dans la danse des investissements, une limitation nuancée émerge : le pari risque-rendement. Si M2 offre la promesse d'une croissance financière grâce à des investissements stratégiques, il exige également une évaluation minutieuse des risques. Toutes les étapes d'investissement ne conduisent pas au crescendo de la richesse ; certaines peuvent entraîner une note dissonante de perte financière.

La danse de la volatilité des marchés

Les participants à M2 naviguent sur la piste de danse imprévisible de la volatilité des marchés. La limite réside dans les facteurs externes incontrôlables qui influencent les mouvements financiers. Un faux pas dans la Valse de la richesse peut entraîner des revers financiers, soulignant l'importance d'une chorégraphie éclairée dans le domaine des investissements.

Reconnaître les limites du M1 et du M2 n'est pas un appel à abandonner ces danses mais une invitation à danser avec conscience. Alors que nous poursuivons notre exploration des stratégies de revenus, le prochain mouvement, M3, promet une symphonie de possibilités qui transcende ces limites. Êtes-vous prêt à découvrir l'Harmonie des Flux Multiples, où les contraintes de temps et d'investissements se transforment en une composition infinie d'abondance financière ? Restez à l'écoute pour le prochain crescendo de notre symphonie financière.

La puissance de M3, où de multiples sources de revenus conduisent à l'abondance financière

Dans le ballet complexe des stratégies de revenus, une danse particulière émerge comme une symphonie harmonieuse : la danse de M3. Contrairement à ses homologues, M3, l'Harmonie des Flux Multiples, tient la promesse d'une composition financière qui transcende les contraintes de temps et d'investissements. Mettons-nous sous les projecteurs et dévoilons le pouvoir qui réside dans la chorégraphie des multiples sources de revenus.

1. Le crescendo de la diversification
La danse de l'abondance

Dans la valse M3, les partenaires de danse ne sont pas limités au temps ou à un investissement singulier ; il s'agit plutôt d'un large éventail de sources de revenus. La magie réside dans le foisonnement créé par cette chorégraphie aux multiples facettes. Alors que chaque flux apporte ses notes uniques, la symphonie atteint un crescendo de prospérité financière. Le pouvoir de M3 réside dans sa capacité à orchestrer diverses sources de revenus, garantissant ainsi un flux continu d'abondance.

Briser les limites

Contrairement aux limites de M1 et M2, M3 abolit les frontières qui enferment les stratégies traditionnelles de revenu. Le danseur qui adopte M3 n'est plus confronté à la contrainte d'un temps saturé ou du jeu risque-rendement. Au lieu de cela, ils se réjouissent de la liberté d'explorer diverses avenues, transformant chaque limitation potentielle en opportunité de croissance financière.

2. Le mouvement synchronisé
Une danse de coordination

M3 n'est pas un ensemble chaotique de mouvements disparates ; c'est une danse synchronisée où chaque flux complète les autres. Le participant devient le chef d'orchestre de cette symphonie financière, orchestrant les mouvements pour créer une mélodie harmonieuse. Le pouvoir de la coordination garantit que la danse reste fluide et que chaque source de revenus contribue de manière transparente à la composition globale.

Résilience dans la diversité

L'un des attributs les plus remarquables de M3 est sa résilience. Si une source de revenus rencontre une note difficile, les autres maintiennent le rythme. Le danseur ne dépend pas d'une seule source et cette diversité agit comme un bouclier contre les ralentissements financiers. M3, dans son essence, incarne le principe selon lequel tous les œufs financiers ne sont pas mis dans le même panier.

3. La finale : la liberté financière
Le point culminant de la maîtrise

Alors que le danseur maîtrise l'art d'orchestrer plusieurs sources de revenus, une grande finale l'attend : la liberté financière. La promesse ultime de M3 est la libération des contraintes qui enchaînent les stratégies de revenus traditionnelles. Le danseur devient l'architecte de sa destinée financière, dirigeant une symphonie d'abondance qui se répercute dans tous les aspects de la vie.

Dans le grand final de notre ballet financier, M3 incarne la puissance et l'abondance. Êtes-vous prêt à embrasser l'harmonie des multiples courants, où les limitations financières se dissolvent et où la danse mène à un crescendo de prospérité ? Rejoignez l'ensemble et laissez la symphonie de M3 vous guider vers le summum de la liberté financière

Chapitre 7:

Transformer le revenu annuel en revenu mensuel

Mise en place de plusieurs sources de revenus à l'échelle mondiale

Dans la vaste salle de concert des opportunités mondiales, orchestrer votre mélodie financière nécessite un état d'esprit qui transcende les frontières. Alors que vous entrez sur la scène mondiale, tenez compte des notes suivantes pour vous assurer que votre composition résonne dans le monde entier.

L'argent, comme la musique, parle un langage universel. Pour mettre en place plusieurs sources de revenus à l'échelle mondiale, commencez par reconnaître que votre composition financière peut être comprise et appréciée par des individus de différents coins du monde. Adoptez la diversité des monnaies, des marchés et des cultures, en les intégrant à la riche tapisserie de votre symphonie mondiale.

Chaque pays et chaque culture apporte des harmonies uniques à la symphonie financière mondiale. Prenez le temps de comprendre les nuances des différents marchés, comportements des consommateurs et paysages économiques. En s'harmonisant avec les nuances culturelles, votre mélodie financière devient plus résonnante et attrayante auprès d'un public mondial.

À l'ère du numérique, vos instruments ne sont pas confinés à un endroit précis. Tirez parti de la puissance de la technologie pour créer des instruments numériques pouvant être joués sur la scène mondiale. Explorez les plateformes en ligne, le commerce électronique et les services numériques pour étendre la portée de votre composition financière au-delà des frontières géographiques.

Construisez un orchestre diversifié de connexions mondiales. Le réseautage transcende les frontières et, dans un monde aux multiples sources de revenus, votre réseau devient l'ensemble qui rehausse votre mélodie financière. Connectez-vous avec des professionnels, des entrepreneurs et des personnes partageant les mêmes idées dans le monde entier pour créer un réseau qui résonne avec succès.

Pour créer plusieurs sources de revenus à l'échelle mondiale, adoptez la multiplicité. Votre composition globale peut inclure du marketing d'affiliation, des cours en ligne, des projets de commerce électronique, etc. Chaque flux de revenus apporte une note unique à la symphonie, garantissant que votre mélodie financière ne se limite pas à un seul air mais résonne à travers le monde.

L'ère du travail à distance ouvre les portes d'une collaboration mondiale. Que vous proposiez des services, du conseil ou créiez des produits numériques, la possibilité de travailler à distance vous permet d'accéder à un public mondial. Adoptez la flexibilité du travail à distance en composant votre symphonie financière avec une résonance mondiale.

Alors que vous créez plusieurs sources de revenus à l'échelle mondiale, imaginez le grand final : une symphonie sans frontières. Votre composition financière, diffusée sur la scène mondiale, a le potentiel de toucher un public très large. Le crescendo mène à l'abondance mondiale, où les frontières des stratégies de revenus traditionnelles se dissolvent et où votre mélodie devient un hymne mondial de prospérité.

Dans le grand concert de la création de richesse, la mise en place de multiples sources de revenus à l'échelle mondiale permet à votre mélodie financière de se répercuter sur tous les continents. Libérez la puissance d'une symphonie mondiale et laissez votre composition être entendue et célébrée aux quatre coins du monde. Le décor est planté ; il est temps que votre symphonie mondiale de richesse occupe le devant de la scène.

L'idée de transformer le revenu annuel en revenu mensuel

Dans le monde de l'orchestration financière, l'idée de transformer un revenu annuel en un chef-d'œuvre mensuel nécessite la précision d'un chef d'orchestre et l'ingéniosité d'un compositeur. Alors que vous vous lancez dans ce voyage de transformation, pensez aux mouvements suivants pour vous assurer que votre symphonie financière joue une mélodie harmonieuse tout au long de l'année.

Comprenez la composition annuelle de vos revenus, en reconnaissant les hauts et les bas, les crescendos et les repos. Le revenu annuel suit souvent des cycles influencés par les saisons, les tendances du marché et les fluctuations économiques. Analysez minutieusement ces notes pour préparer la transformation de la symphonie.

Fixez-vous des objectifs financiers clairs pour l'année. Définissez la composition que vous souhaitez créer, qu'il s'agisse d'augmenter les flux de revenus, de diversifier les revenus ou de lancer de nouvelles initiatives financières. Votre composition annuelle sert de base à la symphonie transformatrice que vous êtes sur le point de créer.

Divisez votre composition annuelle en douze mouvements, chacun représentant un mois. La décomposition du score permet une analyse plus détaillée, vous aidant à identifier les modèles, les saisons de pointe et les opportunités de crescendos financiers. Chaque mouvement mensuel contribue à la symphonie globale.

Présentez le concept de flux de revenus mensuels. Plutôt que de compter uniquement sur des sommes forfaitaires annuelles, créez des flux de revenus qui circulent de manière constante chaque mois. Explorez les opportunités de revenus récurrents, les modèles d'abonnement et les projets en cours qui contribuent à la résonance mensuelle de votre symphonie financière.

La cohérence est la clé pour atteindre le crescendo de la transformation des revenus mensuels. Mettez en œuvre des stratégies qui permettent des flux de revenus évolutifs et cohérents. Cela peut impliquer d'étendre des projets existants, de lancer de nouveaux produits ou d'exploiter des marchés émergents qui correspondent à votre composition financière.

Formez des alliances stratégiques qui amplifient vos crescendos mensuels. Collaborez avec des partenaires, des sociétés affiliées ou des entreprises qui complètent votre symphonie financière. Les alliances stratégiques améliorent non seulement votre revenu mensuel, mais contribuent également à diverses harmonies à la composition globale.

L'objectif ultime est d'atteindre l'harmonie financière tout au long de l'année. Avec des flux de revenus mensuels en place, la symphonie joue une mélodie continue, éliminant les lacunes et les silences qui accompagnent souvent les cycles de revenus annuels traditionnels. La finale est un mélange harmonieux d'harmonies mensuelles qui résonnent tout au long de l'année.

À mesure que votre symphonie financière évolue, envisagez de réinvestir dans des stratégies qui améliorent la composition. Affinez vos objectifs financiers, explorez de nouvelles opportunités et peaufinez l'orchestration. Le voyage consistant à transformer le revenu annuel en un chef-d'œuvre mensuel est une composition continue qui se nourrit d'adaptation et de raffinement.

Dans le cadre de la grande transformation financière, transformer le revenu annuel en une symphonie mensuelle nécessite la prévoyance d'un chef d'orchestre et un engagement à élaborer une composition harmonieuse. Laissez l'ouverture de transformation commencer et que votre symphonie financière résonne d'abondance et de prospérité tout au long de l'année.

Histoires de réussite d'individus ayant atteint la liberté financière grâce à cette approche

Dans la grande orchestration des efforts financiers, les réussites émergent sous la forme de mélodies puissantes qui inspirent et résonnent auprès des chefs d'orchestre en herbe. Plongeons dans les récits transformateurs d'individus qui ont orchestré leur voyage depuis les contraintes financières jusqu'au crescendo libérateur de l'abondance.

Sarah Harmon

Sarah, une aspirante entrepreneure, s'est retrouvée piégée dans la monotonie d'une seule source de revenus. Déterminée à se libérer, elle a adopté le concept de sources de revenus multiples. En commençant par une activité parallèle, Sarah a progressivement élargi ses activités, notamment le commerce électronique, le marketing d'affiliation et le conseil. Chaque flux s'harmonisait avec les autres, créant une symphonie d'abondance financière. En un an, Sarah a transformé son revenu annuel en un chef-d'œuvre mensuel, bénéficiant ainsi d'une liberté et d'une flexibilité retrouvées.

Alex Crescendo

Alex, un artisan qualifié, comptait initialement sur des commissions sporadiques pour gagner de l'argent. Conscient de la nécessité d'un rythme financier plus cohérent, Alex a décidé de créer des flux de revenus mensuels. En proposant des services par abonnement, en organisant des ateliers et en collaborant avec des passionnés d'art, Alex a transformé le sporadique en une symphonie de revenus durables. Les crescendos mensuels ont non seulement assuré la stabilité financière, mais ont également permis à Alex d'explorer de nouvelles aventures artistiques.

Mark Harmon

Mark, un professionnel chevronné, comprenait le pouvoir des alliances stratégiques. En formant des partenariats avec des individus et des entreprises partageant les mêmes idées, Mark a créé un réseau qui a contribué à sa symphonie financière. Les projets collaboratifs, les coentreprises et les entreprises partagées sont devenus des notes intégrantes de la composition de Mark. Les collaborations stratégiques ont non seulement augmenté le revenu mensuel de Mark, mais ont également élargi sa portée et son influence au sein de son secteur.

Mélodique de Melissa

Melissa, une investisseur avant-gardiste, a adopté l'idée du réinvestissement et du raffinement continu. Au lieu de se reposer sur ses premiers succès, Melissa a réinvesti ses bénéfices de manière stratégique. Se diversifier sur de nouveaux marchés, optimiser les entreprises existantes et rester à l'écoute de l'évolution des tendances sont devenus la marque de fabrique de la symphonie financière de Melissa. Le résultat? Une harmonie d'abondance soutenue tout au long de l'année, où chaque note financière jouée contribuait à la composition continue de la prospérité.

Ces histoires mettent en lumière le potentiel de transformation de la transformation du revenu annuel en une symphonie mensuelle. Issus d'horizons et de secteurs divers, ces personnes ont créé leurs chefs-d'œuvre financiers en s'alignant sur les principes de revenus constants, de collaboration stratégique et de raffinement continu. Alors que vous vous lancez dans votre propre parcours financier, puissent ces récits vous inspirer pour composer votre symphonie unique de réussite.

Chapitre 8 :

Le monde en évolution et les multiples sources de revenus

Le changement mondial dans les opportunités commerciales

Dans le monde des affaires en constante évolution, un changement important a orchestré une symphonie mondiale d'opportunités. Alors que nous naviguons dans les harmonies du 21e siècle, les frontières traditionnelles du commerce s'estompent, donnant naissance à une nouvelle ère d'entreprises interconnectées et de vastes possibilités.

Le dévoilement des opportunités mondiales

1. Connectivité illimitée

L'ère numérique a tissé un réseau complexe de connectivité, transcendant les limites géographiques. Les entrepreneurs peuvent désormais établir et entretenir des relations commerciales avec des individus et des entités du monde entier. Cette interconnectivité a transformé le paysage commercial en un canevas sans frontières où les opportunités trouvent un écho à l'échelle mondiale.

2. Collaboration à distance

L'avènement des technologies de communication avancées a libéré les professionnels des contraintes de la présence physique. La collaboration à distance est devenue non seulement réalisable mais également avantageuse. Les équipes dispersées sur différents continents peuvent collaborer de manière transparente, apportant leurs notes uniques à la composition commerciale mondiale.

3. Commerce électronique et plateformes numériques

L'essor du commerce électronique et des plateformes numériques a redéfini la manière dont les biens et les services sont échangés. Les entrepreneurs peuvent désormais accéder à un marché mondial en quelques clics, atteignant des consommateurs dans des coins éloignés du monde. Cette démocratisation de l'accès au marché a permis aux petites entreprises d'être compétitives à l'échelle mondiale.

La Symphonie de la diversité et de l'innovation

1. Fusion culturelle

À mesure que les frontières commerciales s'effacent, les entrepreneurs profitent de la richesse de la diversité culturelle. Les collaborations qui mélangent des perspectives et des approches variées créent une fusion harmonieuse d'idées. La symphonie des affaires mondiales est enrichie par les diverses mélodies apportées par des individus issus de différents horizons culturels.

2. Accélération de l'innovation

Le changement mondial a accéléré le rythme de l'innovation. Les idées circulent désormais à une vitesse sans précédent, conduisant au développement rapide de produits et services révolutionnaires. Les entrepreneurs désireux de rester en phase avec la symphonie mondiale sont à l'avant-garde de l'adoption et de la contribution à cette culture d'innovation continue.

3. Les marchés émergents en crescendo

Les marchés émergents, autrefois des échos lointains, font désormais partie intégrante de la composition des entreprises mondiales. Les entrepreneurs dotés d'une oreille attentive pour identifier et saisir les opportunités sur ces marchés se retrouvent à orchestrer des mouvements réussis dans la symphonie du commerce mondial.

Naviguer dans l'harmonie globale

1. Réseautage stratégique

Les entrepreneurs aspirant à jouer un rôle important dans la symphonie mondiale donnent la priorité au réseautage stratégique. L'établissement de liens avec des professionnels du monde entier ouvre les portes à des collaborations, des partenariats et des projets qui transcendent les frontières.

2. Maîtrise technologique

La maîtrise des technologies de pointe est le bâton de chef d'orchestre de l'orchestre des affaires mondiales. Les entrepreneurs équipés des derniers outils de communication, d'automatisation et d'analyse de données sont bien placés pour mener leur entreprise vers un succès harmonieux.

3. Intelligence culturelle

Comprendre et respecter les diverses cultures revient à régler un instrument permettant aux entrepreneurs de naviguer sur la scène mondiale. L'intelligence culturelle garantit que les interactions commerciales sont menées avec sensibilité et authenticité.

Alors que l'évolution mondiale des opportunités commerciales continue de composer de nouvelles mélodies, les entrepreneurs sensibles à l'évolution de la symphonie sont les mieux placés pour orchestrer le succès à l'échelle mondiale. Le décor est planté, les instruments sont accordés et la symphonie mondiale des affaires invite les entrepreneurs visionnaires à apporter leurs notes uniques à la composition sans cesse croissante de la prospérité mondiale.

Un monde qui rétrécit en raison des progrès technologiques

Dans la grande symphonie du progrès humain, les progrès technologiques ont émergé comme le maestro, orchestrant une transformation profonde : le rétrécissement de notre monde. Alors que le bâton de l'innovation mène ses mouvements majestueux, les horizons autrefois vastes et lointains se rapprochent désormais, créant une convergence harmonieuse de cultures, d'idées et d'opportunités.

Le crescendo de la connectivité

1. Les fils numériques tissent l'unité

L'avènement d'Internet a créé un réseau complexe de connectivité, reliant les individus, les entreprises et les sociétés à travers les continents. Ce qui était autrefois un monde de mélodies isolées est désormais devenu une composition globale où les informations, les idées et les innovations circulent de manière transparente.

2. Les réseaux sociaux comme pont mélodique

Les plateformes de médias sociaux servent de ponts résonnants reliant les cœurs et les esprits du monde entier. Des connexions personnelles aux collaborations professionnelles, ces voies numériques amplifient l'expérience humaine, réduisant les distances perçues entre les individus et favorisant un sentiment de communauté mondiale.

3. Communication en temps réel

Les merveilles technologiques telles que la vidéoconférence et la messagerie instantanée ont compressé le continuum espace-temps. Les conversations qui duraient autrefois des jours ou des semaines peuvent désormais se dérouler en temps réel, effaçant ainsi les retards qui séparaient autrefois les continents. Le monde fonctionne à la vitesse d'un battement de cœur partagé.

L'échange harmonieux d'idées

1. Accès ouvert à la connaissance

L'ère numérique a démocratisé le savoir, faisant de l'information une symphonie universelle accessible à tous. Les barrières à l'apprentissage et à la découverte se sont effondrées, permettant aux individus du monde entier d'apporter leurs notes uniques à la mélodie collective de la compréhension humaine.

2. Innovation collaborative

L'innovation, autrefois confinée à des poches isolées du monde, fleurit désormais dans des jardins collaboratifs qui s'étendent sur la planète entière. Entrepreneurs et créatifs d'horizons divers harmonisent leurs compétences, propulsant l'humanité vers l'avant grâce à l'ingéniosité collective.

3. Les horizons élargis de la réalité virtuelle

La réalité virtuelle a transcendé les limites de la présence physique, permettant aux individus d'explorer des paysages lointains, de vivre des expériences immersives et de mener des réunions d'affaires comme s'ils partageaient la même pièce. Les frontières de la perception se sont dissoutes, favorisant un profond sentiment d'interconnexion.

La Symphonie des opportunités économiques

1. Le commerce électronique en tant que marché mondial

Les plateformes de commerce électronique ont transformé le marché mondial en un bazar animé où acheteurs et vendeurs convergent sans contraintes géographiques. Les entrepreneurs peuvent présenter leurs offres à un public mondial et naviguer sur le marché international avec une facilité sans précédent.

2. L'harmonie omniprésente du travail à distance

L'essor du travail à distance a éloigné les professionnels de lieux spécifiques, permettant aux organisations d'exploiter un vivier mondial de talents. Le lieu de travail ne se limite plus à un bureau physique mais s'étend à tous les coins du monde où résident les compétences et l'expertise.

3. Notes florissantes de l'entrepreneuriat numérique

L'entrepreneuriat numérique ne connaît pas de frontières. Les innovateurs et les visionnaires peuvent lancer et développer leurs entreprises à l'échelle mondiale, en tirant parti des plateformes numériques pour atteindre des publics diversifiés. La symphonie des opportunités économiques résonne avec l'esprit entrepreneurial qui résonne aux quatre coins du monde interconnecté.

Naviguer dans la symphonie technologique

1. L'adaptabilité comme bâton du chef d'orchestre

Dans la symphonie des progrès technologiques, l'adaptabilité est le bâton du chef d'orchestre. Les entrepreneurs qui adoptent et exploitent la puissance des technologies en évolution dirigent leurs entreprises avec agilité et résilience.

2. Maîtrise technologique interculturelle

La maîtrise technologique s'étend au-delà de la fonctionnalité ; cela implique une compréhension de la façon dont la technologie interagit avec diverses cultures. Les entrepreneurs maîtrisant ce dialogue interculturel naviguent dans le paysage mondial avec une sensibilité et une conscience culturelles.

3. Leadership technologique éthique

Alors que la technologie continue de façonner notre monde, le leadership éthique devient primordial. Les entrepreneurs qui guident leurs entreprises à travers le paysage technologique doivent donner la priorité aux considérations éthiques, en veillant à ce que les progrès s'alignent sur les valeurs humaines partagées.

La symphonie des progrès technologiques se poursuit, tissant une tapisserie d'interconnectivité et d'unité. Les entrepreneurs sensibles aux rythmes de cette convergence harmonieuse naviguent avec grâce dans un monde en déclin, apportant leurs notes uniques à la composition mondiale du progrès et de la prospérité partagée. Le monde est peut-être en train de rétrécir, mais les opportunités pour ceux qui s'harmonisent avec les progrès technologiques sont illimitées.

Tirer parti des connexions et des affiliations à l'échelle mondiale pour générer des revenus

Dans la grande orchestration des opportunités mondiales, la mélodie du succès trouve souvent sa résonance dans les connexions et affiliations harmonieuses forgées au-delà des frontières. En tant qu'entrepreneurs, nous nous trouvons au bord du précipice d'un monde où l'échange d'idées, de collaborations et d'affiliations est la clé pour ouvrir les portes de l'abondance. Explorons comment tirer parti des connexions à l'échelle mondiale peut composer une symphonie de génération de revenus.

L'ouverture du réseautage

1. Le pouvoir transformateur du réseautage

Le réseautage transcende les frontières géographiques, transformant le paysage commercial en une scène expansive. L'établissement de liens significatifs à l'échelle mondiale ouvre les portes à diverses opportunités, permettant aux entrepreneurs d'exploiter un vaste réservoir de connaissances, de partenariats et de clientèle potentielle.

2. Les affiliations comme crescendos collaboratifs

Les affiliations, qu'elles soient avec des individus ou des organisations, créent des crescendos collaboratifs dans la symphonie entrepreneuriale. Le partenariat avec des entités partageant les mêmes idées à l'échelle mondiale amplifie l'impact des entreprises, favorisant l'innovation et le succès partagé.

3. Les plateformes numériques comme arènes de réseautage

Les plateformes numériques servent d'arène où se déploie le réseautage mondial. Les réseaux sociaux, les forums professionnels et les conférences virtuelles créent des espaces où les entrepreneurs peuvent interagir avec un public mondial, échanger des idées et nouer des liens qui transcendent les frontières.

La mélodie des affiliations mondiales

1. La résonance du marketing d'affiliation

Le marketing d'affiliation apparaît comme une mélodie puissante dans le monde de la génération de revenus. Les entrepreneurs peuvent collaborer avec des filiales du monde entier, élargissant la portée de leurs produits ou services et créant un flux de revenus harmonieux grâce à des efforts partagés.

2. Collaborations transfrontalières

Collaborer avec des individus et des entreprises de différents coins du monde apporte une richesse aux efforts entrepreneuriaux. Les collaborations transfrontalières tirent parti de diverses expertises, connaissances culturelles et nuances du marché, ce qui donne lieu à une symphonie de succès qui résonne à l'échelle mondiale.

3. Les partenariats mondiaux comme alliances harmoniques

Former des partenariats mondiaux s'apparente à composer des alliances harmonieuses. Les entrepreneurs peuvent unir leurs forces à celles de leurs homologues internationaux pour créer des entreprises mutuellement avantageuses, en exploitant les atouts de chacun et en élargissant la portée de la génération de revenus.

La Symphonie de l'entrepreneuriat numérique

1. Adopter la scène numérique

Le domaine numérique constitue une scène universelle permettant aux entrepreneurs de mettre en valeur leurs talents. Tirer parti des connexions mondiales permet aux individus de présenter leurs offres à un public mondial, transformant ainsi l'entrepreneuriat numérique en une symphonie de possibilités génératrices de revenus.

2. Construire une clientèle mondiale

Les entrepreneurs peuvent cultiver une clientèle qui s'étend sur plusieurs continents. Le marché mondial devient un canevas où les produits et services trouvent un écho auprès de publics divers, créant un flux de revenus durable auprès des clients du monde entier.

3. Nomadisme numérique et liberté entrepreneuriale

La montée du nomadisme numérique permet aux entrepreneurs de parcourir le monde tout en maintenant leurs activités commerciales. Cette liberté retrouvée permet d'explorer divers marchés, d'établir des connexions à l'échelle mondiale et d'orchestrer des flux de revenus depuis n'importe quel coin du monde.

Naviguer dans le score global

1. Sensibilité culturelle dans les connexions mondiales

Comprendre et respecter les diverses cultures est crucial pour naviguer dans les connexions mondiales. Les entrepreneurs qui abordent les affiliations mondiales avec une sensibilité culturelle favorisent des relations fondées sur le respect mutuel, jetant ainsi les bases d'un succès durable.

2. Exploiter la technologie pour une portée mondiale

Les outils technologiques deviennent les instruments grâce auxquels les entrepreneurs atteignent une portée mondiale. Des plateformes de communication virtuelles aux stratégies de marketing numérique, la technologie sert de chef d'orchestre, orchestrant le flux continu des connexions mondiales.

3. L'effet d'entraînement des collaborations positives

Les collaborations positives à l'échelle mondiale créent un effet d'entraînement de réussite. Les entrepreneurs qui contribuent positivement à leur réseau mondial constatent que la symphonie de la génération de revenus résonne bien au-delà des entreprises individuelles, favorisant un crescendo collectif de prospérité.

Dans la symphonie mondiale de la génération de revenus, tirer parti des connexions et des affiliations apparaît comme une mélodie intemporelle. Les entrepreneurs qui maîtrisent cette composition harmonieuse se retrouvent non seulement comme des acteurs du grand orchestre du commerce mondial, mais aussi comme des chefs d'orchestre qui façonnent l'avenir du succès interconnecté. Alors que la scène mondiale vous attend, laissez la résonance des connexions créer une symphonie d'abondance dans le parcours entrepreneurial.

Chapitre 9 :

Affirmations et conscience

Le concept d'affirmations comme outils pour façonner la conscience

Dans le vaste orchestre de l'esprit, les affirmations constituent des instruments puissants, capables de façonner le tissu même de la conscience. Imaginez-les comme les diapasons de vos pensées, résonnant avec les fréquences de vos désirs et orchestrant une composition harmonieuse de croyances. Plongeons dans le concept transformateur des affirmations et comprenons comment ces outils deviennent les maîtres dans l'élaboration de la symphonie de notre conscience.

Le prélude aux affirmations

1. Définir l'affirmation crescendo

Les affirmations, par essence, sont des déclarations positives formulées avec intention et but. Ils servent de déclarations de vérité qui correspondent à la réalité que l'on aspire à créer. Ce prélude introduit l'idée que les mots que nous choisissons d'affirmer deviennent les notes de la mélodie de notre conscience.

2. L'influence de la langue

La langue, étant une force dynamique, façonne nos perceptions et nos croyances. Les affirmations exploitent le pouvoir du langage pour influencer positivement l'esprit. Comprendre l'impact du choix des mots sur nos pensées ouvre la voie au rôle déterminant que jouent les affirmations dans la sculpture de nos récits internes.

La composition de la conscience

1. Affirmations en tant qu'architectes de pensée

Tout comme les architectes conçoivent des structures, les affirmations agissent comme des architectes de la pensée. Ils jettent les bases de schémas de pensée et de croyances constructives, en construisant un paysage mental qui reflète la réalité souhaitée. Ce segment illustre comment les affirmations façonnent la structure même de notre conscience.

2. Reprogrammation des croyances limitantes

Explorez la capacité transformatrice des affirmations à reprogrammer les croyances limitantes. Comme un chef d'orchestre guidant une symphonie à travers un changement de tempo, les affirmations orchestrent un changement dans le rythme des pensées, remplaçant la dissonance par l'harmonie. Déballer ce processus met en lumière l'impact profond des affirmations sur la refonte du paysage mental.

La mélodie de la pratique de l'affirmation

1. Rituels de répétition

Les affirmations prospèrent sur le terrain de la répétition. Cette section présente le concept d'incorporation d'affirmations dans les rituels quotidiens, en soulignant l'importance d'une pratique cohérente. Comme un refrain musical, les affirmations répétées s'ancrent dans le subconscient, amplifiant leur influence au fil du temps.

2. Aligner les affirmations sur l'émotion

Une exploration de la résonance émotionnelle des affirmations ajoute de la profondeur à leur impact. Comprendre que les émotions confèrent du dynamisme aux affirmations les transforme de simples mots en une symphonie de sentiments. Cet alignement amplifie l'efficacité des affirmations pour influencer le subconscient.

La Symphonie de la maîtrise de l'affirmation

1. Affirmations à travers les mouvements de la vie

Les affirmations s'intègrent parfaitement dans divers mouvements de la vie. Des crescendos de carrière aux mouvements de développement personnel, ce segment illustre comment les affirmations s'harmonisent avec les différentes facettes de notre existence. En reconnaissant leur polyvalence, les individus peuvent diriger la symphonie de leur vie avec intention et but.

2. Personnalisation du score d'affirmation

Encourager la personnalisation des affirmations ajoute une touche personnalisée à la symphonie. Tout comme une composition musicale reflète le style unique d'un compositeur, les affirmations personnalisées résonnent authentiquement avec les aspirations individuelles. Ce chapitre se termine en guidant les lecteurs dans l'élaboration d'affirmations adaptées à leurs désirs et objectifs spécifiques.

Alors que nous nous embarquons dans ce voyage dans le domaine des affirmations, imaginez l'esprit comme une grande salle de concert, prête à résonner avec les mélodies stimulantes des déclarations positives. Les affirmations, virtuoses de la pensée, dirigent l'orchestre, dirigeant une symphonie transformatrice qui façonne la conscience et manifeste une réalité harmonieuse.

Affirmations puissantes liées à l'attraction de l'argent

Dans l'orchestre des affirmations, les mélodies qui résonnent avec les fréquences de la prospérité composent une symphonie qui attire l'abondance. Ces affirmations puissantes agissent comme des diapasons pour le magnétisme financier, guidant l'esprit vers un état d'esprit de richesse harmonieux. En vous plongeant dans ces affirmations enchanteresses, laissez leur résonance éveiller la symphonie de l'abondance en vous.

Harmonie avec abondance :

Je suis en parfaite harmonie avec l'abondance de l'univers. La prospérité coule sans effort dans ma vie et j'accueille gracieusement sa présence.

La richesse est mon droit de naissance :

Je libère toute résistance à la richesse ; c'est mon droit divin de vivre une vie d'abondance financière. L'univers conspire pour apporter la prospérité dans tous les domaines de mon existence.

L'argent circule librement :

L'argent circule librement et abondamment dans ma vie. Je suis un aimant pour la réussite financière et chaque dollar qui me revient est une bénédiction.

Je suis un aimant à argent :

J'attire l'argent avec facilité et joie. Je suis un puissant aimant de prospérité financière et ma richesse est le reflet de mon état d'esprit positif.

La liberté financière est ma réalité :

Je suis financièrement libre et mon abondance augmente de jour en jour. Mes actions créent une prospérité constante et je vis la vie de mes rêves.

L'abondance m'entoure :

Entouré d'abondance, j'ouvre mon cœur pour recevoir. Chaque recoin de ma vie est rempli de prospérité et je suis reconnaissant pour la richesse qui me revient.

État d'esprit positif en matière d'argent :

Mon esprit est un centre d'opération divine, attirant des opportunités positives de croissance financière. J'aligne mes pensées sur la richesse et la prospérité se manifeste sans effort.

Chaque dollar crée de la valeur :

Chaque dollar que je dépense me revient multiplié. J'investis dans des opportunités qui créent de la valeur et ma valeur financière augmente continuellement.

La richesse coule à travers moi :

La richesse coule en moi en abondance. Je suis un vecteur de réussite financière et mes actions mènent à une prospérité continue.

L'abondance financière affirme ma valeur :

L'abondance financière est le reflet de ma valeur inhérente. Je mérite de vivre une vie de prospérité et j'attire la richesse en accord avec mon bien le plus élevé.

Pendant que vous récitez ces affirmations enchanteresses, visualisez chaque mot résonnant avec l'énergie de l'abondance. Laissez-les devenir un refrain harmonieux, créant un champ magnétique qui attire la richesse dans tous les domaines de votre vie. La symphonie de l'affirmation financière est un puissant conducteur de prospérité, vous guidant vers l'abondance que vous méritez à juste titre.

L'importance de la répétition pour la programmation subconsciente

Dans le grand théâtre de l'esprit, la répétition occupe le devant de la scène en tant que chef d'orchestre orchestrant la symphonie de la programmation subconsciente. Tout comme une mélodie récurrente s'insère dans le tissu d'une chanson, les affirmations répétitives tracent des chemins dans le paysage complexe de l'esprit subconscient. Comprendre l'importance de la répétition revient à saisir le bâton qui guide l'évolution harmonieuse de ses croyances intérieures.

1. La danse subtile de la répétition :

La répétition est la danse douce qui permet aux affirmations de se frayer un chemin dans la tapisserie de votre subconscient. Tout comme une rivière façonne le paysage à chaque courant qui passe, les affirmations répétées sculptent le terrain mental, créant un terrain fertile pour l'enracinement des croyances positives.

2. Entrer dans le royaume du subconscient :

L'esprit subconscient est un domaine dans lequel les modèles sont gravés par la répétition. En exposant constamment votre esprit à des affirmations édifiantes, vous ouvrez la voie à l'enracinement de ces pensées positives, influençant vos croyances, vos actions et, en fin de compte, votre réalité.

3. Rituels de répétition transformateurs :

S'engager dans des rituels quotidiens de répétition devient un acte transformateur. Tout comme la répétition quotidienne d'une pièce musicale affine la performance, les affirmations répétées affinent la résonance vibratoire intérieure, alignant votre énergie sur les fréquences de l'abondance.

4. Surmonter l'écho des croyances limitantes :

La répétition agit comme un contrepoids aux échos des croyances limitantes. Dans un monde où les influences négatives cherchent souvent à éclipser la positivité, la répétition constante des affirmations devient un antidote puissant, noyant la dissonance du doute de soi.

5. Intégration par cohérence :

La cohérence est l'épine dorsale de la répétition. Tout comme un musicien doit s'entraîner assidûment pour maîtriser un instrument, la répétition constante des affirmations assure leur intégration dans le subconscient, favorisant ainsi un état d'esprit qui attire magnétiquement la prospérité.

6. Reprogrammation du score mental :

L'esprit s'apparente à une partition musicale, et la répétition permet de reprogrammer cette composition mentale. Chaque répétition renforce les notes positives, remplaçant progressivement les croyances discordantes par un arrangement harmonieux qui résonne d'abondance.

7. Dévoiler le pouvoir intérieur :

La répétition dévoile le pouvoir latent en soi. C'est un processus de découverte de soi où les affirmations répétitives agissent comme des lanternes, illuminant les couloirs de votre subconscient, révélant l'immense potentiel qui sommeille dans vos croyances.

Alors que vous vous lancez dans le voyage de la programmation subconsciente par la répétition, considérez cela comme un voyage serein au cœur de vos croyances. À chaque répétition, vous ne récitez pas simplement des mots ; vous composez la symphonie de votre subconscient, permettant aux mélodies de l'abondance de résonner dans toutes les facettes de votre vie.

Chapitre 10 :

Fixer des objectifs et prendre le commandement

Votre voyage de revenus de 30 jours

Se lancer dans un voyage rémunérateur de 30 jours nécessite une boussole claire, une carte d'intention et la conviction inébranlable que l'abondance financière vous attend à votre destination. Ce guide est votre outil de navigation, vous guidant à travers les eaux de l'établissement d'objectifs avec détermination et précision.

1. Tracer votre parcours : Commencez par tracer votre paysage financier actuel. Quel est votre revenu actuel et où souhaiteriez-vous qu'il soit dans 30 jours ? Soyez précis et réaliste. Votre vaisseau financier a besoin d'une destination claire.

2. Jeter le filet des possibilités :Élargissez votre vision en explorant plusieurs sources de revenus. Tout comme un pêcheur expérimenté jette un large filet pour maximiser ses prises, envisagez diverses voies : travail indépendant, conseil ou même création d'une entreprise parallèle. Plus votre réseau est large, plus votre récolte potentielle est importante.

3. Ancrer votre croyance : Jetez l'ancre de la croyance dans les profondeurs de votre conscience. Affirmez avec conviction que vous attirez la richesse sans effort. N'oubliez pas que la croyance est le vent dans vos voiles ; laissez-le vous propulser vers vos objectifs de revenus.

4. Naviguer au-delà des zones de confort : Un navire en état de naviguer navigue dans des eaux inconnues. De même, mettez-vous au défi de vous aventurer au-delà des zones de confort. Qu'il s'agisse d'explorer de nouvelles compétences, de rechercher des collaborations ou de saisir des opportunités inattendues, laissez le frisson de l'inconnu alimenter votre voyage.

5. Corrections de cap en cours de route : Comme tout voyage, des ajustements sont inévitables. Évaluez régulièrement vos progrès. Êtes-vous sur la bonne voie ? Sinon, recalibrez. La flexibilité est le gouvernail qui vous permet de rester aligné sur vos objectifs de revenus.

6. Hisser les voiles de l'action : Hissez les voiles de l'action et laissez-vous porter par le vent de l'initiative. Décomposez vos objectifs de revenus en étapes concrètes. Quelles tâches pouvez-vous accomplir quotidiennement pour propulser votre vaisseau financier vers le succès ?

7. Ancrage dans la gratitude : Alors que vous naviguez vers vos objectifs de revenus, ancrez-vous dans la gratitude. Exprimez votre appréciation pour les opportunités, les défis et l'abondance à venir. La gratitude est la boussole qui vous maintient à l'écoute des énergies positives qui entourent votre parcours financier.

8. Célébrer les jalons : Tout au long du voyage, célébrez les étapes importantes.

Chaque mille marin conquis témoigne de vos progrès. Reconnaissez et appréciez les petites victoires, car elles ouvrent la voie à de plus grandes réalisations.

9. Définir de nouveaux horizons : Un marin chevronné est toujours à la recherche de nouveaux horizons. À la fin de votre voyage de revenus de 30 jours, jetez votre dévolu sur de nouveaux horizons financiers. Quelles leçons avez-vous apprises ? Quelles stratégies se sont révélées les plus efficaces ? La fin d'un voyage marque le début d'un autre.

En partant avec intention, conviction et mesures concrètes, vous transformez vos aspirations financières en un voyage tangible d'abondance financière. En tant que capitaine de votre navire financier, naviguez avec détermination, adaptez-vous aux courants et observez les rivages de la prospérité se rapprocher chaque jour qui passe. Bon voyage pour votre expédition de revenus de 30 jours !

L'importance d'une action disciplinée et de la maîtrise de soi

Dans les vastes océans de création de richesse, l'action disciplinée et la maîtrise de soi agissent comme des ancres inébranlables qui garantissent que votre navire financier navigue en douceur dans les eaux calmes et les marées turbulentes. Déployons les voiles et explorons l'importance cruciale d'une action disciplinée et de la maîtrise de soi sur votre chemin vers la prospérité.

1. Le casque de la discipline : La discipline est la barre qui dirige votre navire financier dans la direction souhaitée. C'est l'engagement inébranlable envers les tâches quotidiennes, les rituels et les habitudes qui vous propulsent vers vos objectifs de revenus. Tout comme un capitaine expérimenté qui navigue sur un navire, la discipline vous maintient sur le cap même lorsque la mer est agitée.

2. Apprivoiser les vents de distraction : Dans l'océan infini d'opportunités, les distractions sont des vents imprévisibles qui menacent de vous faire dévier de votre cap. La discipline agit comme une voile robuste qui exploite ces vents, garantissant qu'ils contribuent à votre élan plutôt que de vous égarer.

3. Le phare de la cohérence : La cohérence est le phare qui guide votre navire financier dans l'obscurité. Face à des défis ou à des moments de doute, l'exécution cohérente de votre plan devient le phare qui illumine votre chemin et vous aide à rester fidèle à votre cap financier.

4. Ancrage dans la maîtrise de soi : La maîtrise de soi est l'ancre qui tient bon pendant les tempêtes. C'est la capacité de réguler vos pensées, vos émotions et vos actions en fonction de vos objectifs financiers. Telle une ancre sécurisée, la maîtrise de soi empêche votre navire de dériver sans but et vous ancre dans une intention déterminée.

5. Résister aux tempêtes : Chaque voyage financier se heurte à des tempêtes, qu'il s'agisse de défis externes ou de doutes internes. L'action disciplinée et la maîtrise de soi constituent votre navire robuste, construit pour résister à ces tempêtes. Au lieu de succomber à l'adversité, vous en ressortez plus fort, plus résilient et plus déterminé dans votre quête de richesse.

6. Corrections de cap avec précision : Une action disciplinée permet des corrections de cap précises. Face à des courants inattendus ou à des vents changeants, le navigateur discipliné ajuste rapidement les voiles. La maîtrise de soi garantit que ces ajustements sont effectués avec clarté et détermination, vous ramenant ainsi sur la bonne voie.

7. La manifestation des résultats : Le point culminant d'une action disciplinée et d'une maîtrise de soi est la manifestation des résultats. En appliquant systématiquement vos compétences, vos croyances et vos actions avec maîtrise de soi, vous êtes témoin des fruits tangibles de vos efforts. La richesse que vous attirez devient non seulement une destination mais un témoignage vivant de votre voyage discipliné.

8. La Symphonie de la création de richesse : Dans la grande symphonie de la création de richesse, l'action disciplinée et la maîtrise de soi sont les orchestrateurs. Chaque note jouée, chaque tâche exécutée avec discipline et chaque décision prise avec maîtrise de soi s'harmonisent pour créer une mélodie de réussite financière qui résonne dans tous les domaines de votre vie.

L'action disciplinée et la maîtrise de soi ne sont pas de simples outils ; ils sont l'essence même de votre voyage vers la richesse. Embrassez-les comme vos alliés et laissez la symphonie de la prospérité jouer, créant une mélodie qui se répercute bien au-delà des rives de vos rêves financiers. Continuez votre route, capitaine, avec une action disciplinée et une maîtrise de soi en tant que fidèles compagnons de ce remarquable voyage d'abondance !

La convergence des engagements : attirer la richesse et l'abondance

Dans le domaine de l'attraction de la richesse et de l'abondance, une décision engagée sert de confluence où les aspirations et les actions se fondent en un puissant courant de manifestation. Imaginez cette confluence comme le point de rencontre de vos désirs et des offres abondantes de l'univers. Embarquons pour comprendre et accepter l'impact profond d'une décision engagée sur votre quête de prospérité.

1. Le pouvoir de décision : Une décision, lorsqu'elle est prise avec un engagement inébranlable, est une proclamation à l'univers. C'est la déclaration que vous êtes prêt à recevoir et à manifester l'abondance dans tous les domaines de votre vie. Toute réalisation significative commence par une décision, et dans le domaine de l'attraction de richesse, cette décision devient le catalyseur de la transformation.

2. S'aligner sur l'abondance : Une décision engagée aligne votre énergie sur la fréquence de l'abondance. Cela revient à se connecter à une chaîne où la richesse, les opportunités et la prospérité sont les vibrations prédominantes. L'univers répond à cet alignement en orchestrant des circonstances et des événements qui résonnent avec votre décision, ouvrant la voie à un flux d'abondance.

3. Surmonter les croyances limitantes :L'engagement agit comme un phare qui perce le brouillard des croyances limitantes. Lorsque des doutes surgissent ou que d'anciens paradigmes tentent de refaire surface, votre décision engagée constitue un phare inébranlable, éclairant la voie à suivre. Cela devient la force qui vous propulse au-delà des limites que vous vous imposez.

4. L'effet d'entraînement : Une décision engagée déclenche un effet d'entraînement sur vos pensées, vos émotions et vos actions. Cela transforme la façon dont vous percevez les opportunités, les défis et vos propres capacités. À mesure que les ondulations se propagent, elles créent un champ magnétique qui attire la richesse et l'abondance vers vous, créant ainsi une réalité conforme à votre choix engagé.

5. Résilience face à l'adversité : Les défis sont inévitables sur le chemin vers la richesse et l'abondance. Cependant, une décision engagée agit comme un bouclier de résilience. Face aux revers ou aux obstacles, votre engagement inébranlable devient la force motrice qui vous permet d'avancer, sans vous laisser décourager par les défis temporaires.

6. Harmonie vibratoire : Chaque décision émet une fréquence vibratoire. Une décision engagée résonne avec une fréquence de certitude, de croyance et d'attente. Cette vibration harmonieuse se synchronise avec l'énergie universelle de l'abondance, amplifiant votre capacité à attirer la richesse sans effort.

7. De la décision à la réalité : La décision engagée est le pont qui comble le fossé entre le désir et la réalité. Il transforme le concept abstrait d'attraction de richesse en une expérience tangible et vécue. En traversant ce pont avec l'engagement comme guide, vous assistez à la matérialisation de vos objectifs financiers.

8. Cultiver un état d'esprit axé sur la richesse : L'engagement cultive un état d'esprit de richesse. Il inculque les habitudes, les disciplines et les actions nécessaires à une création durable de richesse. Votre état d'esprit passe de l'incertitude à la certitude, du manque à l'abondance, jetant ainsi les bases d'une vie prospère et épanouissante.

Au confluent de l'engagement, votre voyage pour attirer la richesse et l'abondance prend une énergie dynamique et transformatrice. Alors que vous vous trouvez à cette intersection, déclarez votre engagement avec une certitude inébranlable et observez les courants d'abondance converger pour vous propulser vers une vie de prospérité inimaginable. Votre décision engagée est la clé qui ouvre les portes d'une richesse illimitée : un trésor qui attend votre arrivée.

Conclusion

Alors que nous concluons notre voyage à travers les royaumes de la loi de l'attraction, il est essentiel de distiller la symphonie de la sagesse en accords résonnants qui résonnent dans les couloirs de votre conscience. Laissez ces points clés vous servir de boussole, vous guidant sur votre chemin pour exploiter le pouvoir transformateur de la loi de l'attraction.

À la base, la loi de l'attraction est la force magnétique qui attire dans votre vie ce dont vous émanez. Vos pensées, croyances et émotions deviennent des touches artistiques sur la toile de votre réalité. Comprenez que vous êtes l'architecte de vos expériences.

Au cœur de la loi de l'attraction se trouve la croyance inébranlable dans la manifestation de vos désirs. Vos croyances façonnent le récit de votre vie, et en cultivant une croyance profonde et inébranlable en votre capacité à attirer l'abondance, vous mettez en mouvement les forces de la création.

Explorez les origines et l'histoire de la loi de l'attraction, en reconnaissant sa présence dans la sagesse ancienne et la philosophie moderne. La tapisserie de son évolution s'étend à travers les cultures et les civilisations, révélant une vérité intemporelle qui transcende les frontières du temps et de l'espace.

Plongez dans les enseignements de visionnaires comme Thomas Troward et Geneviève Behrend, en comprenant le rôle de l'intuition et des facultés supérieures.

Reconnaissez votre subconscient comme le centre de l'opération divine, orchestrant la symphonie de la création en harmonie avec l'infini.

Embrassez le pouvoir de l'état d'esprit en tant que chef d'orchestre de la symphonie de votre vie. Faites la différence entre un état d'esprit fixe et un état d'esprit de croissance, en comprenant comment vos pensées et vos croyances façonnent l'argile de votre réalité. Soyez témoin de l'influence transformatrice d'un état d'esprit positif en s'alignant sur la loi de l'attraction.

Décomposez les trois facteurs régissant le revenu : le besoin, la capacité et la difficulté de remplacement. Reconnaissez la mélodie du besoin, la cadence de la capacité et le rythme de la difficulté de remplacement comme trio harmonique guidant votre composition financière.

Harmonisez-vous avec les stratégies de génération de revenus de M1, M2 et M3, en découvrant le pouvoir des multiples sources de revenus. Soyez témoin de l'évolution mondiale des opportunités commerciales, reconnaissant le monde en déclin où les connexions et les affiliations deviennent des vecteurs d'abondance financière.

Tenez-vous au confluent de l'engagement, là où les décisions deviennent des proclamations à l'univers. Alignez-vous sur l'abondance, surmontez les croyances limitantes et laissez l'effet d'entraînement de votre décision engagée façonner une réalité baignée de prospérité.

De la décision à la réalité, soyez témoin du voyage transformateur où une décision engagée sert de pont vers la manifestation de la richesse. Cultivez un état d'esprit riche, résilient face à l'adversité et soyez témoin de la matérialisation de vos objectifs financiers.

En conclusion, laissez la résonance de la symphonie de la richesse résonner dans votre conscience. Appliquez les principes de la loi de l'attraction, en reconnaissant que vos pensées et vos croyances sont les notes composant la mélodie de votre vie. Engagez-vous à appliquer ces principes de manière disciplinée et observez les changements positifs se produire dans toutes les facettes de votre existence.

La loi de l'attraction n'est pas simplement un concept ; c'est une force dynamique tissée dans le tissu même de l'univers. Alors que vous naviguez dans la symphonie de la transformation, laissez ces principes vous guider, orchestrant une vie ornée d'abondance, de prospérité et d'épanouissement. Que la loi de l'attraction soit la mélodie qui harmonise votre voyage dans une symphonie de possibilités illimitées.

www.ingramcontent.com/pod-product-compliance
Lightning Source LLC
Chambersburg PA
CBHW072156290526
45794CB00004B/1535